阅读

从 精准输入 到 有效输出

读 是门技术活

洪涛 孙博雅◎编著

阅读，一生的事业！

阅读，不一定能带来财富，却能拓展人的思想维度和高度，为我们带来无限的可能。

读书，是心灵碰撞和与智者对话，让我们的生活有温度、灵魂有深度、生命有厚度、价值有高度。

为您呈现最佳途径和方法，助您遨游书的海洋，找寻价值和乐趣。

人民日报出版社

图书在版编目（CIP）数据

阅读是门技术活：从精准输入到有效输出 / 洪涛，
孙博雅编著. --北京：人民日报出版社，2022.12
　　ISBN 978-7-5115-7515-9

　Ⅰ.①阅… Ⅱ.①洪…②孙… Ⅲ.①读书方法
Ⅳ.①G792

　　中国版本图书馆 CIP 数据核字（2022）第 186064 号

书　　　名：阅读是门技术活：从精准输入到有效输出
　　　　　　YUEDU SHIMEN JISHUHUO：CONG JINGZHUN SHURU DAO YOUXIAO SHUCHU
作　　　者：洪　涛　孙博雅

出 版 人：刘华新
责任编辑：刘天一
封面设计：陈国风

出版发行：人民日报出版社
地　　　址：北京金台西路 2 号
邮政编码：100733
发行热线：(010) 65369527　　65369846　　65369509　　65369510
邮购热线：(010) 65369530　　65363527
编辑热线：(010) 65369844
网　　　址：www.peopledailypress.com
经　　　销　新华书店
印　　　刷　北京柯蓝博泰印务有限公司

开　　　本：170mm×240mm　　　1/16
字　　　数：200 千字
印　　　张：13.25
版次印次：2024 年 1 月第 1 版　　　2024 年 1 月第 1 次印刷

书　　　号：ISBN 978-7-5115-7515-9
定　　　价：59.80 元

序

提到阅读，你会想到什么？

只把它当成学校学生的事儿，还是那些为了考取某领域资格证的成年人才有的行为？抑或觉得阅读就是"翻开手机看小说"？如果你对阅读是这种印象，那么很明显，你已经很久没有真正地拿起一本书好好阅读了。

阅读伴随着我们的生活，它可以是为了学习或提升职业技能，也可以是无聊时随手翻阅杂志、刷微博、看朋友圈、读小说，但这类阅读更像是"业余阅读"，直到你去书店或在网上买一本喜欢的文学类、历史类或其他类型的书沉浸其中，并在读完之后有心得、有回味，继而有所得，才算是完成一次"专业阅读"。

这里所谓"专业阅读"并非指具备某种高超的阅读技能，而是真正用心对待阅读这件事。

在信息时代，阅读已经成了单纯获取资讯的"代名词"，这看起来是一种"进步"，毕竟我们可以更快速地获得想了解的知识；同时，我们的身边也鲜有人能安静地坐在某个角落专心地阅读一本书，所以这也可以视为一种"退步"。为什么这么说呢？

书籍是人类进步的阶梯，是全世界的营养品。人类文明的传承和发展都与阅读息息相关，从这个角度看，阅读不单单是为了让我们获得讯息，而是更多地获得思考，甚至是对灵魂的反思。既然阅读如此重要，我们应当如何阅读，或者说如何高效阅读呢？这正是本书要解决的问题。

如果一个人喜欢阅读，那他自然有自己的阅读习惯，不管是"观其大略"式的通读，还是"不求甚解"式的速读，抑或是"求精求当"式的精读，都是具体的阅读方法，没有好坏之分，只有适不适合自己之分。

本书立足于阅读方法的剖析和讲解，深入浅出地介绍速读、精读、重读等阅读技巧和方法，同时也给出了关于阅读准备、购书清单等方面的建议，尽量全面地解答了关于阅读的种种问题和注意要点。

此外，也为读者增设了"名人都是怎么阅读的"板块，希望广大读者能够多方面、多角度地了解阅读，从而爱上阅读。

目 录

附录　名人都是怎么阅读的

第一章

阅读前，你需要知道的几件事

　　"磨刀不误砍柴工"，在阅读之前首先要弄清楚几件事，比如为什么要阅读、什么样的书适合自己……为阅读做好准备工作，会让我们在接下来的阅读中有更明确的方向，事半而功倍。

1. 我们为什么要阅读

　　高尔基曾说："书籍是人类进步的阶梯。"张爱玲也在《倾城之恋》里说过："你的气质里藏着你走过的路，读过的书以及你爱过的人。"可见，阅读是让人类获得思想和认知提升的重要方式和渠道。那么，我们到底为什么要阅读呢？这个问题的答案就如"一千个读者眼中就有一千个哈姆雷特"，每个人都能够通过阅读带来不一样的收获，所以每个人的阅读原因也不尽相同。但可以肯定的是，阅读是丰厚生命涵养的捷径，阅读可以养人之智、人之性，培养人之为人的定力和耐力。我们还可以在阅读中不断汲取向上向前的精神力量。

　　在我们的日常生活中，阅读带来的往往并不是直观的物质收益，而是让我们的灵魂和精神世界丰满、充盈和有趣，使我们在追求高尚的人格之路上一直向前。

　　毕淑敏说："清风朗月水滴石穿，一年几年一辈子地读下去。书就像微波，从内向外震荡着我们的心，徐徐地加热，精神分子的结构就改变了，成熟了，书的效力凸显出来。"可见，阅读的前提不是外求，而是内求。

　　诚然，阅读是一项大工程，需要耗费大量的时间和精力，却并不能在短时间内获得明显可见的收益，甚至在一段较长的时期里，会让人怀疑自己是否在"错误地坚持"。当别人随心所欲地刷着朋友圈、微博，或网上冲浪、充当"键盘侠"时，你却需要静下心来阅读一本书，这种对比之下形成的心理反差，可能会让你觉得自己正在做无用功，加上忙于工作、忙于生活……太多的外在因素干扰你本想专注地阅读一本书的心，这时候要怎么办？是妥协还是咬牙坚持？

我们都羡慕博古通今、学富五车的人，那些出口成章、胸怀锦绣的人更让我们暗自佩服，而阅读正是让我们距离他们更近的有效方法，所以咬牙坚持才是我们最明智的选择，也是唯一选择。

有人说："你与世界，只差一场旅行。身体和心灵，总要有一个在路上，如果身体不能随时前行，那不如让心灵抵达……"阅读，便如同开启了一次次的心灵之旅。在这样的旅行中，我们一次次地与智者对话，荡涤自己的心灵、提升自己的情趣，读到最后，虽说天地依旧、万物依然，可我们的心境却与启程之前截然不同。

书是一扇门，更似一个万花筒，你可以通过它看到这个世界的缤纷色彩，也可以感受到角落里的昏暗无光。培根说："读史使人明智，读诗使人灵秀，数学使人周密，科学使人深刻，伦理学使人庄重，逻辑修辞学使人善辩；凡有所学，皆成性格。"你打开哪扇门，哪道光就会射入你的双眼。

提升你的综合实力

阅读能够极大地提升我们的思维能力、写作能力、决策力和行动力，在现实生活中，这些能力几乎主导了我们到底会有怎样的人生。通过阅读，这些能力会得到逐步强化，继而让我们在工作和生活中做出最佳选择。

获得更饱满的精神

书是我们内心孤独时的最佳伙伴，一本充满能量的书总会让我们原本暗淡的心灵在刹那间光亮起来。不管未来的路多么艰难，通过阅读，总会找到轻装上阵的契机。书籍会给我们以指引，让我们不至于迷失方向、失去斗志。需要注意的是，在阅读时，我们应当主动索取，带着需求求知，而不能被动地从书籍中获取知识，以免自己的阅读变成"走马观花"。

感受"自然"之美

大自然的一切都有净化人心灵的作用，不管是远处的阵阵松涛，还是眼前的飞鸟虫鸣，当我们静静地感受时总能变得平和、安静。阅读也是这样，手捧一本喜欢的书，随着书中点滴或情绪起伏，或心如止水，这所有的感受都属于你一个人，是"自然而然"地发生的，在阅读的那一小块时间里，整个世界似乎只有你自己。

看透世界、认清自己

爱阅读的人心里总有一团火，温暖而炙热，他眼中的世界是简单、干净且美好的，天格外蓝、水格外清，他的生活到处充满爱和阳光。他对生活真心投入，用心欣赏，不随波逐流、不阿谀逢迎，周身透着一股书香气。他的心态更从容，很少自怨自艾、孤独惆怅。当别人醉心于张家长李家短时，他则从俗世中抽离出来，专心独享自己的那份清净和恬淡。

宋真宗赵恒在《劝学诗》中说，"书中自有千钟粟""书中自有黄金屋""书中自有颜如玉"。这些诗句传递出的道理很直白：读书可以让人收获名利，得到佳人美眷的青睐，可以获得赖以生存的资本。不过，有品位和志趣的阅读并不局限于外物。通过阅读，我们会触碰前人的思想精粹，从而化为己用，实现高质量的人生。

读到这里，相信你对自己为什么阅读有了更深层次的理解和体会——可以是增长见闻，可以是提升技能，也可以是为了与他人交往时有更丰富的谈资，无论出于何种目的，你都将从阅读中有所收获，而带着明确目的的阅读，会让你的阅读更有效、更高效。

2. 怎样选择适合自己的书

选择一本适合自己的书，是开启阅读之路的前提和基础。在信息大爆炸的今天，互联网让我们有了快速获得新鲜资讯的通道，不过它们的灵活、多样只会给我们"填鸭式"的信息补给，如果一个人真正想汲取养分和能量，是很难通过简短的文字达成愿望的。

显然，阅读一本书，是一个不错的选择。

不同的书籍，可以带给我们不一样的收获。那么，我们应该如何选择书，选择什么样的书呢？

通过需求选书

人类的行为依托于需求、情感和意志等，所思所想、所行所为都要因需求、目的产生，阅读也是如此。有了阅读需求，才会有阅读目的，从而形成阅读动机，紧接着转变成阅读行为。每个人对阅读的需求不尽相同，年龄、性别、职业、文化水平、个性心理等因素都会左右一个人的选择。比如年龄小的孩子可能更偏爱绘本或图画故事类书籍；女性更偏爱美妆、心灵修养、气质养成类书籍；一个准备考公务员的学生或职场人士，眼下最需要的也许只是"历年真题及答案"……因此，在阅读之前，首先要考虑的是需求。

当然，阅读并不一定总是具有"功利性"，随性翻阅某本书，或在某个周末的下午泡上一杯茶，读一本侦探小说，也许只是为了打发时光，但此时的"解闷儿"又何尝不是一种需求呢？一般来说，阅读需求有以下几种。

（1）应用

科技、教育等行业的从业者，以及技术人员、工人、学生等，多会出于应用的目的去阅读。他们往往是带着问题翻开某本书，是为了在书中找到答案或者方法解决身边的具体问题。

（2）研究

这类读者会阅读专业性极强的书籍，他们选择的内容也区别于大众读物，专、深、新是他们的阅读特点。在阅读上，他们或许并不只是为了单纯地解决眼下的现实问题，而是更多地关注阅读的内容是否有助于自己的某项研究。

（3）求知

求知欲旺盛的读者，会不分类别地阅读各种书籍，希望了解各个领域的知识，他们的目的是掌握全面的知识、提升个人文化水平和修养。这类读者看似"不求甚解"，阅读类型不专且杂，但他们往往善于从海量的知识中提炼出真正有助于成长的养料。

（4）消遣

这类读者把阅读当成一种放松自我的方式，他们不在意是否能"充电"，只想通过阅读调节和丰富个人精神生活，度过一段美好的休闲时光，以身心愉悦为主要目的。他们选择的书籍重在可读性、新奇性、趣味性，甚至娱乐性，只要一本书能让自己在"轻松之余而有所得"，那么它就是一本好书。

阅读什么样的书是个人的权利，完全可以随个人心情和喜好而定。就如吃蔬菜或水果一样，今天想吃白菜，明天想吃西红柿；上午想吃苹果，下午想吃香蕉。当你所选择的书与自己的心理需求契合时，在这一刻你就选对书了。

通过作者选书

如果想阅读某个领域内的书籍，不妨先查阅该领域内的作者，可以从他们的知名度、写作类型等入手，但这种"盲选"容易落入"陷阱"之中。因为有些作者名不副实，也许会取一个很夸张的书名，目录也一样引人注目，可是当阅读内容时，会发现或文题不符，或浅尝辄止，这种"包装"出来的作者绝对要排除在自己的选书名单之外。因此，可以先从自己已经熟悉的某位作者入手，毕竟读过这位作者的书，也更了解这位作者的"水平"，这样就能选出目标书籍了。有人可能会说，选择那些有知名度的作者不就行了吗？他们可是经过市场考验的。话虽如此，但毕竟众口难调，再有知名度的作者，也不可能写出符合所有人需求、适合所有人看的书，所以通过作者选书之前要做好功课，避免"踩坑"。

通过兴趣选书

兴趣是最好的老师，在阅读上也是如此。天文地理、诸子百家、心理情感、古典名著……不同类别的图书涵盖着不同领域的知识。人们的阅读兴趣各异，通过兴趣选书更加直观，比如：生活中的你喜欢烹饪，不妨先从简单的"家常菜指南"等一系列入门级书籍入手，而后可以阅读更加"高阶"的《烹饪概论》《烹饪学原理》等；假如你喜欢电脑组装及维修，那么不妨先从海量的相关资讯及文章中筛选目标信息，接着进行汇总，找出一些关键词，再深入地查找关于计算机组装与维护类更专业的书籍，这样就能进一步拓宽自己的兴趣维度，说不定在这个过程中，你的兴趣会助你成为某一个行业的"达人"。

通过推荐选书

推荐的方式有很多种，一般有以下几种方式。

第一，朋友推荐。

比如某位朋友看过某本自己觉得很棒的书，推荐给你后，你可以先了解后再决定是否接受。虽然每个人的口味不同，朋友推荐的未必是自己喜欢的，不过有口碑的书一般可以让你轻松"避雷"。

第二，关联书单。

如果你在网上购买过某类读过之后很有收获、很适合自己的书，一些关联书单也会随之而来。这些书与你读过的书大体相似，属于同一类型，假如你还想继续阅读这类书，可以参考下单。

第三，媒体推荐。

一本书上市后多会有相关的媒体推荐，在剔除广告效应的前提下，如果这本书能激发你的兴趣，也可以收入自己的书单之中。

第四，作者"推荐"。

这里的"推荐"为什么要加上双引号？因为这里说的并不是作者的主动推荐。简单点说，当看过某本书后觉得很好，得知了本书作者对另一位作者的赞誉，从而对那位作者也产生浓厚的兴趣并阅读其作品，这就是作者"推荐"。一位素未谋面的作者很可能成为我们阅读之旅的向导，为我们引荐更多带给我们心灵冲击的优秀作者。

到底什么样的书才适合我们？这要因时因地而定。一年前适合我们阅读的书，说不定眼下会成为我们理解某件事情的羁绊，因而选书这件事没有标准，唯独符合我们当下的需求，能帮我们解决某些困扰的书，才是我们最应该选择的。

3. 最佳阅读场所与"读前准备"

阅读说起来简单，好像不需要做什么准备，想读什么书，拿起来翻开阅读即可，表面上看似乎的确如此，但若想获得更好的阅读效果，就要提前做一些准备，实现真正的高效阅读。

一个适合阅读的环境

有的人可以做到在嘈杂的环境中阅读。比如毛泽东，他在少年时期每天故意去闹市看书，以此来培养自己的静心、恒心。还有闻一多，他每每看书都会陶醉其中，不会被周遭的环境所打扰，无论外面的世界是风雨漫天，还是晴空万里，他都充耳不闻、视而不见。据说，他在新婚之时，家里无比热闹，亲朋好友一早便登门祝贺，但让人意想不到的是，迎亲花轿快到家门口了，他却不见了踪影。最后，还是在家里的书房找到了他，当时他正穿着那身旧袍，手捧着书如痴如醉地读着。

不过，能够做到心无外物、专心阅读的人毕竟不多，对大部分普通人而言，安静、舒适的环境更容易让人静下心来，也更适合阅读。安静的环境不会有噪声的干扰，也就意味着阅读不会被中断。理想的阅读环境需要适合的阅读场所，常见的阅读场所如下。

第一，图书馆。

毋庸置疑，图书馆是最适合阅读的场所。这里整洁安静，能让我们放松紧绷的神经，海量的藏书也可以让我们随心而读、随性而读。不过，图书馆是我们周末或节假日的好去处，平时因为时间或距离等，很难做到每次阅读都在图书馆进行。

第二，书店。

相比于图书馆，书店的阅读弹性更大。通常在规模不大的书店里，可以更快地找到自己心仪的书籍，会节省下很多查找的时间。当然，重点还在于书店的位置有"就近"的可能。说不定你家附近就有一间适合阅读的书店，加之这样的书店闭店时间稍晚，如果条件允许，可以在下班之后到那里寻找自己的"独处时光"。

第三，咖啡馆。

在咖啡馆点上一杯香浓的咖啡，再配上自己喜欢的一本书，午后的阳光透过窗子铺洒在桌子上，这幅画面单是想想就让人精神舒畅。大多数咖啡馆会播放轻音乐，舒缓的节奏、香气四溢的咖啡、在纸上跳跃的文字，这样的静谧环境自然会为我们的阅读增色不少。

第四，学校自习室或图书馆。

校园的自习室和图书馆是为学校师生准备的，不过很多院校并不会拒绝外来人员享受这些资源。尤其是院校里的图书馆、阅览室，非常适合捧上一本书，尽享半晌宁静。

第五，公园。

有些小区附近会有小型公园，夏日里，绿树成荫，在长椅上安然坐定，时而蹙眉思考，时而快速翻阅，时而举目眺望，偶尔几声孩童的嬉闹声和老年人跳广场舞播放的音乐声，也不会让你觉得环境嘈杂，反倒平添了一份真实感、烟火气。说不定眼前的一幕幕恰与此时手中书里的描写不谋而合，更增添了一种别样的感受。

第六，家中。

家永远是一个人身心最放松的地方。下班回到家中，换上舒适的睡衣，泡上一杯热茶，或端坐在书桌前，或倚靠在阳台上，甚至睡觉之前半躺在卧室的床头处，选一本喜欢又不烧脑的小书读上几页，能够让自己疲累的身心得到舒缓。

有的人选择睡前阅读是为了更快入睡，这时不妨选择平日里不接触的哲理类散文或社会科学知识类书籍，可以更方便入睡。

第七，公共交通工具。

地铁、公交车也是很多爱书之人的阅读场所。当自己的时间过于碎片化，很难抽出大块时间阅读时，便可以选择在公共交通工具上阅读。考虑到乘坐交通工具阅读时很难聚精会神的情况，可以选择一些情节性更强的书，比如小说、人物传记等。

为阅读做更具体的准备

阅读关乎"身心"两方面，要想让心灵获得宁静、洗礼，甚至升华，身体的舒适也必不可少。试想，当周围的光线昏暗、阅读姿势不舒适时，我们又怎么能全身心地投入到阅读当中呢？所以，要注意以下三点。

首先，阅读的书籍放在固定位置，做到随取随读，避免随意摆放，下次阅读前不用花费时间寻找。

其次，要让自己阅读的地方光线充足且舒适。如果在家里阅读，白天阳光过强、夜晚台灯位置摆放不合适，都很容易造成眼疲劳。因此要让光线直打在阅读的书本或材料上，但又不能与室内的光线形成太大反差。

最后，不管是坐在椅子上还是凳子上阅读，我们要尽量做到双腿与地面保持平行、背部直立，高低角度根据实际情况进行调节。太高的话，背部拉伸过直；太低的话，会探头弯腰，容易疲累。阅读时眼睛与书保持适当的距离，可以稍远一些，以能看到文字为宜。

以上三点阅读细节适合固定场所，如果在公共交通工具上阅读，考虑到上下班时间以及其他因素，可以根据具体情况进行调节，总之要以实现为身心带来舒畅体验的阅读感受为宜。

阅读的工具

网络时代，电子书成了新的阅读媒介，但这并不代表传统纸质书被彻底"取代"，纸质书依然受到很多人的青睐。在阅读纸质书时，不妨提前准备一支笔，遇到优美的句子或触动自己心灵的文字时可以勾画标记，不懂的地方也可以做好记号，之后查阅注释。个人的阅读心得体会可以随时写在书的空白处，或者准备一个笔记本记录内容，方便重读时查阅。

阅读电子书似乎更方便一些，可以在手机上阅读，也可以在电子阅读器上阅读，两种媒介都提供了批注、评论等功能，做好标记，将电子书放入"书架"或"收藏"后，待再次翻阅时可以看到自己留下的"痕迹"。

无论是纸质书还是电子书，它们作为知识的载体都会为我们提供丰富的精神食粮。

良好的阅读心态

我们应该了解一点，阅读是轻松的、不慌不忙的、聚精会神的，但是，在阅读之前保持适度紧张的情绪有助于达成预期的阅读效果，就像演讲一样，登台之前的紧张感恰恰能让一个演讲者聚焦于演讲本身，而不为外界因素干扰。这样，阅读前的适度紧张会让阅读时的精神更集中，也有利于进入深度阅读的状态。

再则，要明确阅读目的。随手翻几页书的阅读状态必然无法带来更好的阅读效果，因而在阅读前就要想明白：是为了休闲放松，还是为了循序渐进地学习某一领域的知识，抑或是打算搞懂某个困扰自己的问题？只有态度正确并摆正心态，才能让阅读更聚焦，从而提升阅读效率。

明确的阅读书单

如果想让自己的阅读更高效、更有效果，不妨制定一个适合自己的阅读书单。制定书单可以改善零散式阅读的习惯，不再抓起什么书就看什么书。毫无计划的阅读不会得到更多的收获，反而会浪费时间。

 ## 4. 阅读的 8 个误区

快节奏的工作和生活占去了人们的大部分精力，留给阅读的时间少之又少。有些人认为，与其把休闲时间用在阅读上，不如加加班，赚些"外快"更现实。不过，真正喜欢阅读，并读过好书的人都清楚，阅读带给人心灵的喜悦是高于物质的，那是一件快乐且重要的事情。

有的人通过借阅一年可以阅读上百本书，有的人买回来一大堆书，直到落上一层厚厚灰尘也没有翻阅过，这是什么原因造成的？你可能会说，有的人阅读速度快、时间充足，其实不全然如此，归根结底，在于你是否掌握了正确的方法。

苏联的昆虫学家、哲学家、数学家亚历山大·亚历山德罗维奇·柳比歇夫一生发表了 70 多部学术著作，他的研究涉猎科学史、农业、遗传学、植物保护、哲学、昆虫学、动物学、进化论以及无神论领域。同时，他还写过回忆录，追忆很多科学家，谈到他人生中的各个阶段。

在一些稍微空闲的时间里，他研究"跳蚤"。1955 年时，他一共收集了 35 箱跳蚤标本，数量多达 1.3 万只，其中的 5000 只公跳蚤被他做了切片，这样的工作量和研究成果让人惊叹。

每年他还会有大量的书信往来，1969 年，他收到 419 封信，回复了其中的 283 封。他的回信篇幅都较长，内容涉及各个方面，且颇具文采，这都是他大量阅读的结果。他不但能读但丁的原著，还可以背诵；他可以仅凭记忆引用塞涅卡、柏拉图的话；也很熟悉雨果、席勒、歌德，甚至是俄罗斯文学；历史书、哲学书也在他的阅读书单中，比如康德的《纯粹理性批判》。对于读过的多数学术作品，他都会进行摘要和必要的分析研究。

★★★★★★★★★★★★★★★★★★★★★★★★★★★★

无疑，亚历山大·亚历山德罗维奇·柳比歇夫是令人钦佩的，可以在有限的时间内做出这样的成就，并能"挤"时间去阅读，实在难能可贵。他能够实现大量的阅读，并不是因为他的时间比别人多，而是他善于利用时间，有着自己的阅读方法。所以，我们在阅读时也要避开误区，即便做不出他那般的惊人成绩，也一样可以收获颇丰。

误区 1　一字不落地读完

经典书籍可以从头到尾、一字不落地读完，甚至一句话琢磨不透时要回读几次，以便更好地理解作者意图。不过，多数书籍没必要这样做，比如一些看过前面部分，大致可以了解后续内容，或非虚构类书籍，通过跳读也能够掌握全貌的书，没有必要一字不落地读完。

再如，有的专业类书籍，因为已经知道大部分的内容，只有其中少部分是未知的，那么只读这部分未知内容，也等于读完了这本书，一样没必要再从头至尾读一遍。有时候，强迫自己读完一本不值得阅读的书，仅仅是得到了心理安慰，觉得自己并没有半途而废，却很可能会因此失去阅读其他好书的时间和机会。

误区 2　不好的书也要读完

通常，看过目录之后，再试读开篇的几个小节，就能够初步判断出作者的写作水平，别指望作者可以布局全面，到最后一刻再"揭秘"，毕竟不是所有书都是推理小说。碰到不是自己心仪的书时，要果断放弃继续阅读，逼迫自己读下去并不会显得你更有毅力。

误区3　不懂得选书

阅读前要有清晰的计划，盲目阅读既收不到良好的效果，也很难坚持下去。不妨先从工具类、专业类、视野类、潮流类四个方面入手，选择适合自己的"菜"。

工具类，就是词典字典一类的书，这类书是解决大问题的基础；专业类，即每个人都可以根据自身所在领域选择需要的书，为自己在工作中遇到的问题解惑答疑；视野类，顾名思义，是为了增长见闻，提升学识，包括社会学、心理学、经济学、管理学等，通过这类书籍，我们可以打开认知世界的另一扇门；潮流类，指的是符合当下社会流行趋势的一些书籍，每个人都要与时俱进，要与时代接轨，所以要让这类书出现在自己的书架上。

上述四类书可以根据你的具体情况做好调配，循序渐进地阅读。

误区4　阅读时没有"轻重缓急"

书的类型不同，阅读方法也不同。难懂的书要细嚼慢咽，仔细品味；简单的书不妨"走马观花"，一目十行。要根据书的类别变化阅读速度，做到快读与慢读有效配合、跳读与扫读穿插进行，掌握"轻重缓急"，重要的地方慢读、细读，其他地方快读，甚至略读，会更有助于提升阅读速度和阅读质量。

误区5　读完必须记住

有的人读完一本书后，强迫自己必须记住书中的内容，但实际上，想要真正记住书中的内容，必须靠不断地重复阅读才能实现。有研究表明，大部分人读完一本书后，次日就会忘记80%以上的内容，所以记住并不是阅读的根本目的，理解才是。

理解作者意图远比记牢书中的内容更有实际意义，在阅读时要带着思考，找出作者在书中表达的观点以及论据等，化为己用，且当发现作者的某些观点与自己的相悖时，能够综合自己的以往所学与作者"辩论"，通过这种思想上的博弈，我们可以提升自己的理解能力。

阅读一本书往往需要经历四个阶段：第一阶段是能够看懂书中的道理；第二阶段是可以照着讲述出来；第三阶段是可以"学以致用"；第四阶段是能够用自己的思维和语言呈现出来。读完一本书若能达到第四个阶段，也就等于实现了阅读的终极目的。

误区 6　要么不读，要么"狠读"

阅读习惯的养成很重要，可有些人偏偏不能持之以恒，什么时候想起来了，三分钟热血，随手抓起一本书开始读；还有些人几个月不读书，一读则读半年的量，一下子读太多肯定"消化不良"，除了获得少许心理安慰之外别无益处。所以，不管是利用大块时间还是碎片化时间阅读，重点不在于读多少，而在于持续性。

误区 7　"只进不出"式阅读

阅读是输入，交流是输出，输出倒逼输入，因为你想输出观点，首先得有储备，也就是有输入。不过，很多人只一味地输入，甚至每年年初为自己制订阅读量计划，比如"一年读 100 本"等，制订计划固然无可厚非，可数字的量化很容易造成误导——以量制胜。更可怕的是，他们输入了这么多，却不善于输出，即没有"交流"环节，单纯地将掌握的知识存储在大脑里，无法实现知识的流动，造成了"只进不出"的尴尬局面。

知识本身就是"活"的，倘若"只进不出"，不让学到的知识指导生活与工作，或改善人际关系、拓展人脉资源等，那么与从未读过有什么区别呢？

误区 8　唯书单马首是瞻

网上有太多诸如"睡前 5 本书""震撼心灵的 12 本书"一类的噱头推荐，倒不是说类似这样的书单推荐一无是处，只是大多数书单中推荐的书目良莠不齐，荐书人都未必真的读过。如果真的要从书单上找书，也一定找有保障的书单，比如一些具有公信力的学者等的推荐。

有关阅读的误区不局限于上述八个方面，但大体上这八个方面是共性问题，至于个体阅读中存在的问题，就需要我们在具体的阅读中去发现并规避了。

5. 12 种常规的阅读方法

读一本书说起来简单，但要想真正地掌握一本书的内核，就不那么容易了。也许有人会说，读一本书，不就是拿过来从头开始读下去，难道还有什么高深玄妙的方法吗？如果真想读好一本书，的确要掌握一定的方法。

下面就介绍 12 种常规的阅读方法。

闲读法

这种阅读方法适合读杂志、小说、新闻或报纸，当我们忙完一天的工作，可以用这类读物放松疲乏的大脑，而且这些"闲读"会让我们积累更多与朋友、同事闲聊时的谈资。只要能够帮助我们快速地"输入、输出"，就不是无意义的闲读。

抄读法

顾名思义，就是边抄写边读，这一阅读法适合阅读晦涩难懂的书籍，比如经济学理论类或心理学专著等。这类作品对读者也提出了更高的要求，没有一定的知识储备和阅历，是很难参悟作品的内涵的。

在阅读这类书时，不妨在读完一个章节后，回过头来再抄写一遍，以此在脑海里留有印象，而后再慢慢地消化、理解书中深刻的观点。

通读法

很多人读了很多书，不但没感觉自己知识增加，反而觉得脑子里一团糨糊。简单点说，这几天读了一本书，开始觉得本书的作者说得很有道理；几天后又读了另一本书，又对那个作者刮目相看，觉得他才是人生哲理大师。久而久之，自己的脑子里全都是别人的道理，没有一点个人思想和观点。通读法能有效改善这个问题。通读法的精髓在于构建自己的思维框架，比如反复阅读几本关于结构化体系化的针对某个领域的入门书籍，提升逻辑思维能力，做到"一理通百理明"。

仿读法

我们在阅读技能类书籍时，总会发现某些方法很适合自己，之后会做简单的记录，可这种记录流于形式，没能深入内心，也难以变成我们知识体系中的一部分。若想真正掌握书中传递出的技能，就有必要仿照着书中的观点或方法进行"实战练习"，比如阅读《如何制作PPT》这本书时，一边看一边操作，可以让你更容易弄懂每一个知识点和注意事项，从而真正地把书本知识变成自己的技能。

炼读法

炼即提炼，也就是把一本书"简化"成一句话或几句话，甚至用一个观点代表一本书，这要求我们读懂作者背后的思维逻辑。

任何一本书都有它的内在逻辑，在阅读时试着提炼出这种逻辑虽然很困难，但这一过程对于实现高效阅读至关重要。炼读便是一个把长篇大论变成三言两语的过程，也是一个读者参透作者逻辑，继而提升个人思考能力的过程。

泛读法

泛读，顾名思义，就是广泛阅读，要涉猎各个领域的知识。读了自然科学类的书，也不妨读读社会科学类的书，古今中外，各个门类、各种风格的书都有其长处，博采众家之长才能开拓视野、拓展思路。

跳读法

大部分普通书籍的"营养"都是有限的，利用跳读法，可以快速抓住重点，剔除书中无关紧要的部分，深入阅读书中最精华的段落。偶尔，在阅读中遇到难题百思不得其解时，也可以直接跳过，阅读后面的章节，说不定后面的文字恰是前面文字的"答案"。

树读法

树读法也叫主题阅读法，就是把同一个主题的几本书同时阅读，然后进行对比，从而提炼出统一的观点，并形成知识体系。一般采用这种阅读法之前要先列出提纲，根据提纲查阅对应书籍，一边看文章一边思考，把得出的观点或结论写在对应的提纲下。

逆读法

这种阅读法有些"针尖对麦芒"的味道，也就是带着批判性思维去阅读，对书中的观点进行反驳。当然，并不是所有读物都适合这种阅读法，通常商业认知类书籍有必要运用这种阅读法。使用逆读法，可以让我们不盲目地相信各种莫名其妙的观点，保持独立思考的能力。

框读法

框是框架的意思，也就是要了解作者写一本书背后的思维框架，这通过快速阅读目录、序言、推荐语和后记便可以大体了解。这种阅读法适用于经管社科类的书籍，在阅读之前，不妨在纸上写下几个问题：这本书要解决什么问题；作者眼中的当前社会状况如何；作者提出了哪些方法；再次遇到类似问题如何解决等，然后带着这些问题去读。掌握了这种框架阅读法，你就等于找到了更多的阅读角度，可尝试采用框架阅读法的书籍种类也会越多。

图读法

众所周知，思维导图是一种实用的思维工具，其运用图文并重的技巧把各级主题关系清晰地展现了出来，阅读上的图读法就是一种思维导图。我们在阅读时可以制作 PPT 或手绘，将一本书的书名写在左侧，右侧依次可以是大章主题的提炼关键字，每一章后是每个小节的关键字提示……当以这样的方式阅读完一本书，回头再看这个思维导图时，就能马上洞悉全书的每个部分。

写读法

"好记性不如烂笔头"，我们都希望从阅读中汲取能量，但前提是阅读要有效果，不能读完之后大脑一片空白。因此，要效仿古人"不动笔墨不读书"的阅读方式，做到手脑并用，阅读与摘录、写心得同步进行，这样既能提升阅读能力，也会增强写作能力，对于准确、快速地理解一本书大有裨益。

第二章

列出自己的购书清单

　　选书是有窍门儿的。哪些书是兴趣所在、哪些书用于提升职业技能、哪些书用于休闲……都是有章可循的。在列清单时，日常工作或生活中被忽视的信息，以及某意向图书的书评，都可以作为参考。

1. 让日常信息为自己的清单"引路"

在开始阅读前，选择自己想看的书是必要的环节。如何选书、买书，也是有窍门儿的。一般来说，我们多数会到书店选购。当看到书店有新书上架，偌大的海报几乎占满整个大厅，于是我们会不自觉地停下脚步，拿起一本翻看作者、目录，再看看价格，然后到收银台付款。这一系列动作下来，我们也许忘了来书店本来是要买其他书的，却"稀里糊涂"买了另一本。但如果我们事先有一份购物清单，整个购书流程就不一样了。

平时要注重搜集信息，保持一定的敏感度，通过书籍、报纸、电视或手机等媒介捕捉不易被察觉的信息，并将这些信息通过整理，变成与自己感兴趣的书有关的主题记录下来。

比如，当我们在一些书刊上看到关于摩托车通勤的话题时，若产生兴趣，就可以去网上找关于摩托车的书籍；喜欢心理学类题材，就问问身边朋友有什么好书可以推荐；吃到一款美味的食品或看别人做美食时，脑子里灵光一现，美食类的书籍就会变成我们休闲书单中的一类。

为此，我们要准备随时携带的笔记本和笔，以小巧简便为主，方便记录下每一个闪光的念头。另外，在家中，比如鞋柜、茶几，或是卧室床头柜等处也都准备笔和纸，这样一想到什么就能马上记录下来。

记录零碎信息是为我们列购书清单做准备，而我们要有专门的笔记本来统计这些"碎片化信息"，让它们系统化形成不同的主题。比如，在某份报纸或杂志上看到某本书的书评，燃起了我们阅读这本书的欲望，可以把书评信息裁剪下来，贴在自己的笔记本上。

贴了"剪报"的笔记本如同一个"阅读回忆录"，在这本回忆录中，我们可以记录读完一本书后的感受和个人对书及作者的短评，还可以划分出不同的阅读主题。比如，"管理者应读的5本书系列""想了解带团队，这10本书会给你答案"……我们的购书单与阅读进度总是同步进行的，购书单因日常点滴的信息变得丰富，而随着我们的阅读，我们会培养更敏锐的捕捉填充购书单信息的嗅觉。回过头来，当我们翻看自己的"笔记本式"书单时，会很清楚自己当下最想读的是哪类书，感兴趣、打算试读的是哪类书。

为了让自己的书单看起来更直观，整理之后，可以写下要读的书的书名、作者和出版社信息。有了这三大信息，我们就可以"定向"购买了。接下来我们要做的，就是走进书店或去网店，找到目标书籍，最终决定是否购买。

养成捕捉信息的习惯，就不会再有"我记得有本特别有意思的书，但不知道叫什么名字，也忘记在哪里看到过"的情况了。千万别小看这些容易忽略的各种信息，就像前面说的，这些信息让我们有了与目标书籍相遇的可能和机会。或许有人并不在意这一点，那只能说他未必是真正喜欢阅读的人。有一位读者记录了自己从33岁到59岁，共计26年间阅读的所有书的情况，他在这些年中共计阅读了超过3000本书，但真正让他觉得"好"的书只有300本左右，这个比例之小实在让人吃惊。可见，遇到一本好书的概率的确不大，这也正是我们要擦亮双眼，时刻捕捉身边信息的关键所在，为的就是拨开层层迷雾，找到可以照亮一切昏暗角落的智慧之光——一本让自己心灵愉悦的书。

购书清单是一种无形的财富，它是让我们的人生开始朝着熠熠生辉的方向发展的催化剂，这么说并不夸张，完善自己的购书清单，并仔细捧读书单上列出的每一本书，我们的人生就可能会大变样。

2. 获得寻书线索

　　购书清单起的是指引方向的作用，但不要把购书清单当成"购物备忘录"，将清单上有的"菜"都一个不落地买回去，不懂得筛选，买回去的"菜"可能只会被堆放在角落里腐烂掉。

　　我们都有过这样的经历：走进书店，四处闲逛，看看畅销书推荐，随意翻看，恰与自己的兴趣契合便付款买下；或者穿梭在各个类别的书架之间，翻看各种从未在自己的阅读范围中出现的书。如果不是为了打发时间，那么这种漫无目的的寻找不会真正成功，偶尔的确会找到一本激起自己强烈阅读欲的书，但"撞大运"式的寻书之旅会浪费我们的时间，或者让我们在眼花缭乱中无法选择。

　　回头想想，我们或许都曾买过自己根本不读的书，归根结底就是"冲动消费"。在买书之前觉得"这本书肯定有用""掌握这方面的知识有备无患"，继而不经意间买下很多看似用得着的无用书。买书时切不可冲动，尤其一些"爆款"畅销书，要想清楚，这当真是自己的案头必需品吗？当我们没有计划地走在书架旁时，会快速失去判断力，难以冷静选购，这就需要我们为自己找到"寻书线索"。

　　不管是网络上充满趣味的研究课题、某本书中建议读者了解的学说，抑或有关深海生物的图册、关于葡萄酒的论文、人物传记短评等，我们都要逐一搜集起来，经由思考形成可以落在纸上的有效讯息。当我们记录得越多、越杂、越全面，最终形成的书单也就越具体、越多样。依靠这些线索，可以在网上或书店寻找心仪的书籍。

当然，正如前面所说，清单里列出的书目不一定都是必买品，看到实物后可以再次筛选，排除自己不需要的、没必要的，剩下的才是自己想读的。

在我们的购物书单上，还应当有一个不可或缺的"线索"来源，即书中的推荐，它可谓我们选书、购书的好帮手。很多人阅读时常常会忽略一点，比如看参考文献。当然，有些书籍并没有这一项。如果我们阅读的某本书有这一项，那么一定要重视起来，参考文献中很可能包括与我们所读的这本书内容相关的书，它们也很容易成为我们书单上的"座上宾"。不过有时候参考文献里的书很难找，特别是古籍类，所以不妨先在网上确认后再去实体书店选购。

再则，某些书中会有作者的脚注、尾注等，它们或是作者引用某些名言、典故或大事件的注解，或是对特殊段落的特别注释，里面就可能有对某本书的推荐。这些由作者而来的"推荐"也应当记录下来，查找书名后判断是否符合自己的阅读需求。

寻书的线索不局限于哪种快捷、哪种有效，适合自己才最重要。基础选书首先要立足于自身所在的行业和领域，如果是想为自己充电，那么你的书单更容易制定，只要"按图索骥"，身在技术岗就找技术技能类的，管理岗就找团队建设、自身修养类的，便能轻松地避开选购盲区；若是想在休闲时间发展自己的兴趣，或者说，以自己的兴趣为选书标准，那么写下一份让自己满意的书单，比如美食类、科普类、传记类等，在书店都可以很快找到。

朋友或同事的推荐也是个不错的选择，我们都有因身边人的推荐去看一部电影、听一场音乐会、买一件衣服、吃一种零食的经历，同样我们也可以从他们口中获得某本书的信息。不管你与这位朋友或同事的口味是否一致，他们的推荐都值得参考。

★☆★☆★☆★☆★☆★☆★☆★☆★☆★☆★☆★

一名研究生从不看建筑类书籍，一次朋友推荐他看《幸福的建筑》这本书，刚看了几页，他就被书中描述的美好建筑深深地吸引了。他为书中优美的语言和作者深邃的思想所打动，于是便找到作者的其他作品，惊喜地发现每一本都质量上乘，对自己有很大的益处。接着，他开始了解更多有关建筑的书籍。

等走向社会参加工作以后，他也因同事的推荐阅读了更多的好书。比如，一位女同事推荐给他《吾国与吾民》，他读完之后为自己曾经的错过懊悔不已——因为读研究生时他曾在图书馆看到这本书。他后悔为什么自己不早点阅读。在阅读中，他发现林语堂对国人的解读独树一帜，所以又读了他的《生活的艺术》，这本书中有很多《幽梦影》的引文，顺理成章地，这本古籍也进入了他的阅读书单。

★☆★☆★☆★☆★☆★☆★☆★☆★☆★☆★☆★☆

这个案例中的主人公通过朋友、同事的推荐，产生了一连串的阅读动作，显然，这就是他寻书的线索之所在。不难看出，寻书的线索恰与书单的形成一脉相承，是彼此依存的关系，我们既能从各种各样的线索中找到自己的心仪书目，又能通过阅读找到更多的线索。

在茫茫书海之中找到适合自己阅读，让自己感兴趣的书并不容易，不管是从节省精力还是财力的角度看，以更快且有效的方式做出选择都非常必要，这也正是"线索"存在的意义。

3. 列清单的技巧

我们去餐馆吃饭，要做的第一步就是点菜。点菜需要菜单，这样我们才能从各式各样的菜品中选出自己爱吃的。阅读也是如此，如果没有一份关于书目的"菜单"，当我们的大脑"饥饿"时，如何选择合适的菜品供给它呢？

为了避免盲目"点菜"，我们必须要创建自己的阅读"菜单"。这份"菜单"是独一无二的，是我们的专属"菜单"。我们要列一份适合自己的书单，应该如何去做呢？

第一，拒绝现成的书单

不少爱阅读的小伙伴都有相同的操作流程，先计划系统学习某个领域的知识，之后去相关的网络平台看看"好书推荐"。比如理财方面，搜索之后推荐比比皆是，仔细一看书单，长长的一串——《穷爸爸富爸爸》《聪明的投资者》《伟大的博弈》《巴菲特的护城河》《小狗钱钱》……这些几乎在所有平台"榜上有名"的书单早已被很多"新手"列为必读书目，但我们直接拿来读，却很难真正掌握想获得的知识。

第二，从海选到精选

大量相似的推荐并非一无是处，它们可以作为我们精选的基础，首先从这些推荐中查阅目标书籍在某些荐书平台的评分和目录、试读章节等，然后总结出它们的主要内容。还是以理财为例，理财类书籍可以分为理财观念、投资方法、股票、基金等类别。通过这种精选，我们可以清楚知道自己应该入手哪些书。

第三，创建框架

不管我们是已经有几年系统阅读经验还是刚刚入门不久的阅读者，都要遵循由浅入深、由易到难、由知识分享到指导实践的规律。基于此，可以把自己的书单分成普通、中等和高阶三个层次，每个层次分配几本适合的书，循序渐进，让自己的阅读既有数量，又有质量。

营养学中有一个名词叫"膳食结构"，指的是我们每天摄入的食物种类及比重，只有营养均衡，我们的身体才会更健康。书单起到的作用就是检验阅读是否"健康"，是否达到了标准。所以我们在列书单时，也要注意各类营养的"搭配"。

不同的书有不同的"营养"，社科类图书重在原理和方法，比较像"谷物"；文学小说类书籍更具故事性、趣味性，很像"蔬果"；思维方式及认知类书籍重在提升人的认知，和"禽蛋类"差不多；学习方法类图书及一些工具书则起到连接各门知识的纽带作用，如同"盐类和油脂"一般不可或缺。因此，书单中要对这些不同门类的书籍做好搭配，不能"偏食"，否则会走进阅读的死胡同。而且太过专读一类书也容易思维僵化，产生阅读疲劳，不利于高质量阅读。

文学家夏丏尊先生说："一个人该读什么书，看些什么书，要依了他自己的生活来决定，来选择。"从这方面来看，我们在列出自己的购书清单时，起码要从以下几个方面考虑。

个人清单

从个人成长的角度出发，如果你是一名医生，时常阅读专业的医学书籍、期刊，留心时下最新的医学研究知识必不可少。换句话说，阅读首先考虑的是自己。比如，未来的你要做什么？你有什么样的天赋？你想从阅读中获得什么？依托个人身份和秉性来确定书单，才不至于浪费更多的阅读时间。

工作清单

参加工作的你除了通过岗位历练、向他人请教获得个人能力的提升外，也要通过创建工作清单来解决很多现实问题。比如，你不擅长与上级沟通、汇报工作有障碍，或者工作效率不高等，这类问题只有你自己"开窍儿"才能解决，所以选择对应的指导类书籍，用心研读，代入实践才能解决工作中的问题。

家庭清单

与家人无障碍沟通是一个大课题，很多人并不懂得与父母、子女如何沟通，或者所做的只是无效沟通，所以为人子女、为人父母的人，更需要通过阅读来做出相应的改变，增强自己的沟通能力。

周国平在《何以滋养灵魂》一书中说："愉快是基本标准。"不管一本书被专家学者说得多么重要，在排行榜上多么靠前，说它是某人群的必读书目，但若不能让你感到愉快，也不一定非得去读它。很多人的书单中会罗列各种畅销书，人云亦云般地说它多么好，可强迫自己读一本不喜欢的书，甚至根本读不懂的书，又会得到什么呢？

一个做生意的人平时根本不读书，有一段时间受到合作伙伴的影响，也决定开始阅读。他特地写下几本客户推荐的"好书"，是那种所谓极具智慧的大家的名著。一位朋友告诉他不要一开始就读这类书，不是它们不好，而是并不适合他，但他没有听从建议。起初的几天，这个人信誓旦旦地对朋友说想从这些巨著中获得人生智慧和心灵感悟，但还不到一周时间，他便直接放弃了。朋友询问原因，他苦笑着说："看不懂。"

　　阅读看不懂的书，不但没有收获，可能好不容易提起的阅读兴致也被消磨殆尽。在阅读中没有愉悦的体验，就说明选择的书目不对。

　　在列清单时，有两个方面要格外注意。

　　第一，主题书单的选择及阅读。阅读什么样的主题可以根据自己的需要和兴趣而定，要熟悉某个全新的领域，大概需要六个月到两年的时间。在这期间，可以把该领域的主题书目做加法，不管是他人的书单还是排行榜推荐，抑或到图书馆、书店对整书架的书进行"扫货"，先确定二三十本主要书目，这方面可以参考上文的"从海选到精选"来选择。而后按时阅读，可以按照一周读一本的节奏。要注意的是，在阅读上分清主次，采用速读、精读、重读等阅读法，直到掌握主要内容为止，同时辅以读书笔记。

　　一般来说，当我们把自己选定书目中的20%做到精细阅读后，其余的读起来会越来越快，对内容的掌握也会越来越扎实，因为更多精细化的重点内容已经大体出现在前面20%的书中了。

　　第二，年度书单的确定。根据个人阅读速度来看，有的人可以做到一年读一两百本，基本上平均两天一本书，但对绝大多数人而言，一个月认真地读完一本有价值的书或许是最好的选择。不要以为一个月一本很少，只要能读懂、读透，读一本也有读十本的效果。

　　每个人都可以根据自己的习惯列出购书清单，以上介绍的方法可能未必真的适合你，但也一定会让你对列清单产生新的想法。

列清单的工具和途径

　　把笔记本和一支笔放在包里。不管去书店还是图书馆，需要的时候拿出来就能方便地使用。

　　我们还可以利用手机创建清单，但最好使用便签功能，或笔记类APP，切勿太过复杂。

　　通过网络检索，我们记录下想看的书，定期整理记录。书刊的介绍页面，条件允许时做成剪报，定期整理。

4. 留意书评，让你轻松选择

海量的资讯让我们很难甄别信息的有用与无用，要想更快地找到目标书籍，一些有价值的书评就显得至关重要。在生活中，我们都有通过网上查看影评而去观看一部电影的经历，这样可以避免缴纳"智商税"。阅读也是这样，当我们想阅读某本书时，也会搜集各种各样的信息，除了前文介绍的种种筛选方法外，书评也是一个重要的参照标准。

一般来说，书评有三个重要的作用。

作用一：影响作品销量

一些在网络上"闲逛"的读者会专注于书评，把它作为是否将一本书列入阅读书单的重要参考。这很容易理解，一本书的书评是销量好坏的直观展示，如果评论区一片骂声，那么这本书的销量会越来越差，最终可能连"骂声"都没有。相反，偶尔几声负面评价夹杂在一片叫好声中，时间长了，好的销量和口碑自然会盖过差评，倘若这本书恰好是你想阅读的，那么自然可以放心"选购"。

作用二：帮助读者缩短选择时间

书评的根本价值就在于给读者一个明确指向：这本书是否值得购买。只有读过书的作者且愿意写下评论，才会给后面的读者提供参考和依据，剔除个人喜好这一主观因素，每一种对书的真实感受，都影响着我们是否把一本书列入自己的购书清单之中。

作用三：抒发阅读感受

看过一部"糟心"的电影，愤怒之余你会写下自己的内心实感，希望其他人不要"踩坑"，而读过一本名不副实的书后，也一样可以分享自己的心情。但要注意一点，过于夸大个人感受的书评并不能起到真正的引导作用，别人只会觉得你行为过激。相反，如果你能更细致地写下哪些部分给你的阅读体验不佳，甚至能够给出改善建议，那么这样的书评才会产生价值和潜在影响。阅读者遇到了这样的良心"荐书者"，也就会在选择时更加有的放矢了。

很多书评人会在网络和私人平台上推荐某本书或某系列书，这些推荐有一定的参考价值。不过他们因为受制于"流量"因素，所以偶尔并不会说"真心话"，这就要求我们善于甄别，要学会辨别书评的真伪，或者说，可以相信书评，但不能迷信书评。

为了能够把值得阅读的书放进自己的购书清单，我们必须擦亮双眼，在各种各样的书评中找到最能帮助自己的。换句话说，我们要分辨出哪些书评有用、好用。

第一，好书评有很强的代入感

书评不是文学评论，更不是写论文，它必须易读、易懂、易于深入人心。我们对一本书感兴趣是前提，购买是结果，在这二者之间，书评会推动"成交动作"。当这本书的书评很有代入感，或可读性强，或发人深省，或幽默可笑，那么可以大致断定这是一本适合"多元读者"的书，能满足大部分读者的口味，因为它可以让不同的读者读出不同的味道，这样的书自然值得一选。

第二，好书评会让读者参与其中

一本书的书评中若包含读者对作者信息、书中人物简介和"剧情"

的介绍和探讨时，基本可以确定这是一部"上好"的作品，因为它激起了读者的"讨论欲"，就证明它值得一读再读。

第三，好书评都是有态度、有温度的

不同的读者对同一本书会有不同的看法和感受，但往往也会有相同的感悟，他们写下的书评会基于同样的事物而有不同的视角，我们会从这种多元视角中感受到他们的真情实感。评论可以有好坏，但好书评一定是立场鲜明、保持客观，并展现出人文温度的，即便是负面评价，也不应带有个人偏见。

第四，好书评都有清晰的逻辑

我们不能奢望每本书的读者留下的评论都字字珠玑，掷地有声，但是一个好的书评，逻辑应该是清晰的。既然书评的好坏决定了我们是否会选择一本书，那我们就要读那些表达清晰的书评，避免逻辑混乱的书评干扰我们做出明智的选择。

第五，好书评要有"大格局"

这里的"大格局"并不是要求阅读者的评论多么高深，或包含多大、多启迪人心的道理，而是可以触类旁通，举一反三。书评写作者能以评论的这本书为基础，将相关的知识或书籍做延伸阅读或推荐，让读者看出"对比"。这对书评的写作者要求很高，不是每个书评写作者都能做到这一点，倘若某本书的书评中有这样高素质的读者写出的书评，也是其他读者之福。

第六，好书评不能人云亦云

有见地的书评更能反映出一部作品的出色，而真正的好书评也不会人云亦云，跟风式地将个人感悟或读后感写上去。有不少人评价普希金

的作品，但其中让人印象深刻的点评出自作家弗拉基米尔·纳博科夫，他说："在俄罗斯的文学苍穹上，普希金是第一盏明灯。"好书评一定带有明显的个人特色，却又并不主观。在千篇一律的书评中看到不同的声音，也能够更全面地让我们认识一本书。

第七，好书评不会一味地引用

书评，简单地说是对书的评价，既然是评价，就要有自己读完书后形成的个人观点，所以那些动辄千字左右的书评，简单浏览后若发现里面尽是引用作者原话，甚至摘录原文，这样的书评无益于我们选书。书评应当是揣摩作者的弦外之音，而不应该是概括、整理作者的思路。新鲜的观点才会激发我们的阅读欲望，若是流水账式的书评，何不直接看内容简介呢？

以上几种辨别好书评的方法，能够帮助我们在茫茫书海中找到最明亮的那座灯塔。当然，在通过书评选书上，除了看好书评，也不能忽视那些差评。我们要了解一本书好在哪里，也要知道那些给了差评，或写出差评原因的读者背后的思考，或许正是他们的这些差评才让你更有了解一本书的欲望，而差评的存在也让一本书变得更"真实"。

此外，随着时代的发展，报纸、杂志等传统纸质媒介正在日渐式微，但是依然有着强大的影响力。报纸、杂志会刊出某些文章，其中可能有对一本书或一系列书的评价。细心的你可以把这些文章裁剪下来，贴在专门的笔记本上，为购书清单做好万全的准备。

通过各种渠道，各式各样的书评，我们可以让自己的购书清单变得越来越丰富，越来越有营养。

第三章

有效阅读的层次

　　阅读是有层次之分的，不但阅读本身有层次之分，对于不同的书也要选择不同的阅读层次。掌握阅读的层次，我们才能顺利地从被动阅读转为主动阅读，才能更好地吃透一本书，将其中的知识化为己用。

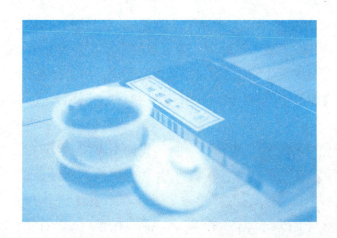

1. "抽丝剥茧"——掌握阅读的层次

　　当我们知道自己为什么要阅读，并掌握了一些阅读方法，以及如何列购书清单后，接下来要做的便是具体的阅读。有人可能会说，阅读还需要别人指点吗？按照自己的习惯，翻开书开始阅读就好。如果抱持这样的想法，是很难有效、高效地阅读一本书的。

　　与收音机，尤其是电视、手机等图像媒介相比，通过文字获取资讯显得过于"低效耗时"，声音和图像带来的便捷性让我们即便在做其他事情时也可以接收信息，只是，这些快捷的媒介真的能让我们对人、事物和世界有更深入全面的了解吗？今天的我们可能更多地通过各种媒介"知道"一些事情，而未必做到了"理解"，这是因为多样性的媒介把各种资讯提前做了精细化处理，甚至包装，让我们失去了"思考"的环节，我们根本不需要自己通过思考得出结论，只要直接接收信息，知道某件事情即可。因而，真正的阅读就显得势在必行，也变得非常必要了。

　　真正的阅读，要依靠自己，不借助任何外力。当我们能通过自己的理解，一字一句读懂、读透一本书，理解其义时，就是在慢慢地提升自我。因而，阅读上要"抽丝剥茧"，循序渐进，从简单到复杂，从初级到高级。

　　最开始进入我们阅读范围的应当是"好读"的文字。"好读"的定义是什么？就是我们凭借所掌握的阅读技巧可以快速理解文字内容。不过，在阅读这类文字之前，我们也应该先对内容有所了解，比如历史系的学生阅读中国古代史，由于掌握了一定的资料，且有学业基础，所以系统的阅读可以进一步增加他对中国古代史的了解。

我们也可以尝试阅读相对陌生的类别，这些陌生领域的知识会带给我们全新的感受或更高层次的启发。通过阅读这类"拔高型"文字，我们会得到超出原有理解水平的新知。通过这样的阅读训练，我们便会不断地提升自己。

读者在阅读上追求的无非是三个目的：消遣、获得信息和增进理解力（提升自我），不同的目的决定了不同的阅读方式。至于能达到什么样的阅读效果，则是由他在阅读上投入的时间、精力和采用的技巧决定的。这很容易理解，阅读某些吃力的书籍时，要是肯深入地思考，下功夫把不了解的部分弄懂，就会间接地拓宽我们的思路，打开不同的思考视角。

美国哲学家、教育家、作家艾德勒有一套阅读层次理论，这套理论可以有效地解决阅读中的实际问题：这本书讲了什么？作者说了什么，怎么说的？书中的道理对吗？全部都对，还是只有一部分对？这本书能给我带来什么？根据他的理论，阅读被分成了四个层次，分别是基础阅读、检视阅读、分析阅读和主题阅读。遵从这四个层次，我们的阅读似乎会更有规可依。

跟随阅读的层次，我们会发现自己在阅读上有着清晰的进阶之路，那么，这四种阅读又有哪些具体的注意事项，以及如何才能真正由一个层次进入下一个层次呢？

2. 层次一：基础阅读

　　基础阅读也叫初级阅读、基本阅读或初步阅读，通过这一层次的阅读训练，一个人能够掌握最基本的阅读技巧。

　　我们需要明白一点，不管哪一层次的阅读，都是建立在前一层次足够熟练的基础之上。也就是说，高层次包含了低层次的特性，但低层次却没有高层次的特性。基础阅读的关键在于找出一段文字的中心句或者关键词，因此在阅读中必须时刻提醒自己是否抓住了关键词和中心句。基础阅读是实现检视阅读、分析阅读和主题阅读的基础和关键，也是进行深度阅读的前提。

　　基础阅读是一种初级阅读，不过，这并不意味着这一阅读层次没有"门槛儿"。实际上，要想更完美地实现基础阅读，必须达成以下四个目标。

　　首先，读懂句子。在此，前文提到的"关键词"和"中心句"便派上了用场，当我们可以找出一句话中的关键词或中心句，也就基本上可以把握一句话的主题，因为多数情况下，一句话或是一段话都是围绕关键词和中心句展开的，找出它们，就能够精准地把握句子内涵了。

　　其次，理解段意。通过关键词和中心句，我们可以轻松地把握一句话或一段话的意思，不过这并不意味着我们可以真正地只依靠字词句的表面意思准确掌握作者想要表达的真正意思，因为有某些原因作者"有话不能直说"，所以在语言表达上便会或含蓄，或隐晦。因而，不要试图通过一个词语来辨明作者的意图，我们可以结合上下文语境来

"听出"作者的弦外之音，读懂一句话或一个段落的底层信息。

再次，把握结构。任何一篇文章都有它本身的结构，我们在阅读的过程中要学会厘清各段落之间的关系，清楚地把握文章的结构和逻辑，这样就能更轻松地弄懂整篇文章，继而真正地读懂一本书了。

最后，挖掘内涵。无论是一篇文章还是一本书，作者都会借助文字赋予真挚的情感或深刻的思想，这是浅尝辄止所无法品味和体会到的。因而即便是基础阅读，也不意味着只去弄懂字词句的表面意思，而是要带着思考，深入挖掘，这也会为其他三个层次的阅读夯实基础。

总的来说，基础阅读并不是浅显到只存在于孩童、学生阶段，大部分的成人在阅读中也有这样的体验。基础阅读始终伴随着阅读本身，比如涉猎一个新领域、开始学习一门新技能，这时要做的准备工作中必然有阅读相关书籍和资料，因为在新领域面前，我们如同牙牙学语的孩童，对很多专业词汇非常陌生，即便提前做过准备，也会一知半解。

此时，我们就有必要锁定"四个目标"，来一场看似简单，实则必须全身心投入其中的基础阅读。

3. 层次二：检视阅读

检视阅读也叫系统化略读或预读等，它要求的是在一定时间内完成既定阅读，比如在 30 分钟时间里读完一本书。这种阅读法要求读者善于高度概括文章大意，抓住核心要点，把握中心思想。就一本书来说，读者必须明确作者要讲的是什么、书的结构怎样、各章节间的逻辑关系是什么等，同时可以根据掌握的内容将书归类。

这一阅读层次要求读者快速浏览书名、内容简介、作者简介、序言（推荐序）、目录、索引、后记等相关信息，并随意翻看任意页码进行扫读。通过这一层次的阅读，我们可以大体决定是否购买这本书。

检视阅读是真正阅读的开始，它自然也是以基础阅读为基础的，一个无法精通基础阅读的人难以完成检视阅读。

要实现高效、高质的检视阅读，可以遵从以下三种方式。

第一，系统性略读

我们已经知道检视阅读也叫系统化略读、粗读，和我们学生时代做阅读理解题目时的方法很像，也就是在既定时间内完成一段文字或一篇文章的阅读，了解大意、提炼中心思想。阅读一本书时与之相似，但有所不同。

首先，我们在阅读一本书之前并不知道会有哪些收获，但是坚信只要深入挖掘，就能获得新知新解。其次，我们决定阅读这本书，不过时间并不充足，在这种情况下，我们要做的便是系统性略读，因为我们得知道是否值得花费更多时间细读。

快速地浏览会让我们更快明白作者要表达的观点，明白作者是在什么情况下写了这本书。略读不会花费我们更多时间，那么具体要如何略读呢？

（1）看书名、序言。包括副标题或其他关于本书的介绍，大致浏览后脑海中会有初步印象。

（2）看目录。浏览目录可以让我们知道本书的基本构架，有些书籍会在章目录或小节目录下写导语，这部分文字是对一章或一节的高度概括，比如《失乐园》这本书，作者弥尔顿对每章都有较为直白的"点题"，他所写下的长标题就可以看成一章的要旨。有的目录纲要点题不明，是出于吸引读者细读的考虑，这就要看你个人是否中意这本书，愿意因这种吸引力买下这本书精读、细读。总之，看目录是必要流程。

（3）看索引。一些论说类的书籍会有索引，我们可以通过快速检阅了解目标书籍包含哪些议题。

（4）看宣传文案。有些书的宣传文案出自作者，但也有一些，特别是论述性著作的宣传文案来自出版单位。出版单位看中销量，也看中读者是否能读懂作者意图，所写的文案中多会包含书的主旨。所以这类宣传文案有助于我们更多地了解一本书，当然，具备一定阅读能力的你也会一眼看出哪类文案是夸大其词的噱头。

（5）看内容。这里所说的看内容，并不是通读全书，而是基于以上几点，当我们对一本书的全貌有了初步了解，并打算进一步阅读时，翻看目录，选择与书的主旨关联性最强的章节阅读。

（6）看全书。略读全书是从这一步开始的，但不必逐字逐句阅读，可以读上几段或几页后跳到下一段或后面几页，边读边思考主题，看自己阅读的文字与主题的关联性。用这种方法略读全书后，要着重读最后几页和后记，那里通常有作者对全书的高度概括和总结，可以帮助我们更快地读懂这本书。

采用上述六种方法略读，能够花较少的时间了解一本书更多的内容。由此，我们也能估计出是否需要投入更多时间来精细化阅读。

系统性略读虽然是"略读"，但需要我们集中精力，调动大脑积极性，这样才能真正有效略读，避免看过之后"大脑空空"。因而，在略读时也要保持敏感，之后我们会发现自己的确用了更少的时间，却掌握了更多的重点。

第二，不间断性阅读

在决定读一本书后，要从头到尾地读完一遍，即便遇到某些难懂的字词或概念也不要停下来查询，只管持续地读下去就好。书中一定有你能读懂的部分，这部分可以详读，不懂的部分就略读。这样等你读完全书后，重读时就会对不懂的地方有新的认识了。

读第一遍时，也许我们只掌握了一半甚至更少的内容，可在重读之后，这些部分或许就像一扇电动感应门，自动为你打开。

★★★★★★★★★★★★★★★★★★★★★★★★★★★★★★

一名高中生很喜欢读莎士比亚的戏剧，不过老师告诉他要一幕幕念，查询所有生字和注脚，要做到没有阅读障碍。遵从了这种阅读习惯后，这名高中生几乎成了"学术研究员"，他已经忘了自己当初是因为喜欢才去阅读的，而不是为了搞研究。慢慢地，他失去了这种兴趣和快乐，莎士比亚的著作被他束之高阁。

★★★★★★★★★★★★★★★★★★★★★★★★★★★★★★

有时候我们对一本书产生兴趣会忽略它的难易程度，我们在阅读中获得快乐才是最重要的，而当我们怀着愉悦的心情去阅读，也自然会有收获。

不间断地阅读规则也适用于论说性作品，比如当我们阅读《经济学原理》一书时，如果非要搞懂每段文字的内涵，那么阅读进度肯定很慢，在前面的一段文字上耗费太多时间精力，后面那些说得清晰明了的大原则和概念就会被延迟阅读，甚至略去。

第三，检视阅读的速度

在阅读上，速度是一个相对概念。遇到难懂且重要的部分，速度自然要慢；不重要的部分则要一扫而过。值得注意的是，检视阅读本身就是快速地对一本书做浏览，所以速度的控制要以能够准确理解所读内容为宜。不贪求速度，不一味求快，要在检视的同时达到掌握内容的程度和标准。

在我们身边，有些书可以略读，有些书可以快速阅读，有些书则要用相对较慢的速度阅读才能完全理解。具体说来，一本书通过上述方法找到阅读重点后，通过检视阅读，将其中与主题关联性最大的部分读懂，其他无关紧要的部分则要读得快一些。而一本值得阅读的好书总有难啃的部分，这部分就必须细嚼慢咽。

阅读的速度并不是一成不变的，不同的读物要采用不同的阅读速度，读一本书也要分出轻重缓急。最佳衡量标准是：即使读得再慢，也不要慢到投入大量时间阅读却一无所获；即使读得再快，也要有所得。

在进入分析阅读之前，检视阅读会提供必要的准备，这一层次的阅读在主题阅读这一最高层次阅读中也占据着重要地位。需要再次强调的是，阅读任何一本书都不能期待了解每个字、每个词和每个句子，这也是检视阅读的基本要求。不必为了读不懂的段落发愁，如果我们手中的这本书值得一读再读，那么在结束了检视阅读后，我们可以做好重读的准备，那时会更好地走进这本书。

4. 层次三：分析阅读

分析阅读也叫全盘阅读、完整阅读，它比前两种阅读更复杂、更精细、更系统。通过这种阅读，读者可以较为准确地把握全书，甚至可以简要复述一本书的大概内容和部分细节。这种阅读法能够帮助读者消化重点内容，将书中的知识化为己有。

想要更深入地阅读一本书，分析阅读必不可少，但这种阅读法是建立在完全熟悉前两种阅读层次的基础之上的，贸然阅读一本不了解的书，反倒会弄巧成拙。

一本值得我们进入分析阅读这一层次的书，肯定是能够带给我们更多收获的书，我们也会借助这一层次的阅读更好地理解这本书。

检视阅读要求在一定时间内完成，分析阅读则没有时间限制，这一层次更关注阅读效果。分析阅读的目的是把一本书彻底消化，把书中对自己有益的知识全部内化，这是一种需要投入更多精力的活动，读者必须绷紧神经，才能抓住一切有用的细节。

分析阅读是一种系统的阅读方法，使用这种方法要遵循以下几个过程。

首先，把一本书分类。我们必须知道自己阅读的是哪类书，是虚构类作品，比如小说、戏剧等；还是论说性作品，比如历史学、哲学类著作。对于书籍分类，很多读者可能并不在意，但是我们能否分辨出《飘》是爱情小说，还是美国内战时期的历史类书籍呢？从畅销书榜单

上看，它分属在小说范畴。不过这也正说明了一个问题：有些书其实并不像人们所认知的那样属于某一个"大众归类"的范畴。

书名也是一个可以直观区分书籍类别的符号，但却不能只依靠书名来判断。比如欧几里得的《几何原理》和威廉·詹姆斯的《心理学原理》，我们认为一个是数学，一个是心理学，其实它们都是科学，是一个种类的书籍，只是不同类型的科学而已。另外，单从书名上，也很难一下子看出两本书所属的类别，比如我们能看出奥古斯丁的《上帝之城》、霍布斯的《利维坦》和卢梭的《社会契约论》都是政治方面的论述吗？可见，除了看书名，也要借助检视阅读来更准确地区分书的类别。

虚构类，也就是非论说性作品，主要指的是文学作品。而论说性作品也有实用性作品和理论性作品之分。

实用性作品通常有"应当""应该"等字眼，也就是告诉我们怎样做，该做什么以及不该做什么等。比如某一领域的实用手册、指导守则，像烹饪、医药和工程类书籍都是实用性书籍。

理论性作品往往分成历史、科学和哲学等类别，这类书籍更多是对知识的介绍，并带有作者的主观评论、观察和个人建议等。总的来说，理论性作品倾向于解释是什么，实用性作品则倾向于解释具体做法。

其次，"看穿"一本书。每个作者在写作之前，都会在脑海里搭好架构，或在纸上拟出大纲。我们作为阅读者，就是要通过阅读来读出作者搭建的"骨架"。

在分析阅读这一层次上，我们不妨先用一个词或简单的一句话概括整本书，也就是明确一本书的主题。如果能准确地概括，就证明找到了正确的方向，也就知道作者会在书中"做些什么""怎么做的"等。当你向他人推荐时，也可以用简单的一句话或几个字描述出整本书的内容。假如你止步于个人想象中的理解，说出"我知道这本书主要讲什么内容，可我说不出来"的话，恐怕你并没有真正看透这本书。

接着，我们要做的是把书中的重要章节标记出来，这些重要章节就像一栋房子的"承重墙"，其他部分变成了支撑房子的拱门、走廊或楼梯等。一本好书就像一栋精美的房子，空间布局合理，每一处看起来都赏心悦目。相反，差一些的书会让读者有进入"迷宫"的感觉，很难摸清脉络，这不是读者看不清"骨架"，而是作者在写作之前信马由缰，没能合理地建构起格局清晰的空间。

当然，"看穿"一本书并不是要求我们一定得跟随作者的思路，每个人对同一事物都有不同的认知，作为读者的我们也很难揣摩出作者的原始意图。在阅读时，我们可以根据个人的阅读习惯和掌握的阅读技巧拟出阅读大纲，它可能不同于作者的书写结构，但会让你读得更明白。简单点说，我们要对某些重要篇章进行重组，以形成更适合我们思考模式和阅读习惯的知识结构。不过通常来说，优秀的作者总会让自己的"骨架"清晰可见，这也要求同样优秀的阅读者有一双发现的眼睛。

作者往往会把自己的问题隐藏在大篇幅的行文之中，这并不是他们想故弄玄虚，而是解析某个问题并不能直接写明问题本身。读者要做的便是通过阅读找出这些问题，或者作者想要解决的问题，这仍然是帮助我们理解一本书的要点之一。

最后，找出与作者的共情点。每个人都有自己的成长环境、教育背景和知识结构，这也决定我们阅读一本书时未必与作者有同样的视角。但问题的关键点不在于此，而在于书中那些能够与自己的情感倾向和知识倾向相吻合的部分，这就是共情点。

如果作者在书中使用的某个词语想表达的意思是 A，读者却理解为 B，那么很明显，双方未能达成共识。所以，作者要避免书中出现模糊字词，读者也要尽量跟随作者的思路，这样才能实现良好的"沟通"。很多诗歌或小说中常见模糊字词形成的模糊地带，当读者踏进这一区域时，很可能迷失方向，但这也恰恰是虚构类作品不同于论说性作品的地方。后面我们会有针对性地阐述。

细心的读者会在一本书中找到某些"关键字"，它们也是帮助读者理解文义的关键。关键字所在的段落也可以看成是"关键段落"，它们通常是一个小节，甚至整章内容的升华。偶尔，这些"关键字"或词句、篇章晦涩难懂，我们就必须想办法弄明白。既然这些关键字如此重要，那么是否有确定找出它们的方法？一般来说，有以下几种。

第一，作者会采用很明显的方式进行标记，比如采用不同的字体，或加括号、下划线等。作者也会专门对一些特殊字词做解释，为的是引起读者的注意或者帮助读者理解词义。比如鲁迅在《故乡》中写杨二嫂拿走的"狗气杀"，为了便于读者理解，他特地加了注释，说这是他们那里养鸡的器具，木盘上面带有栅栏，里面盛有食料，鸡可以把脖子伸进去啄食，狗却只能眼睁睁地看着"气死"。这些具有地域特色的词汇，在作者的作品中往往会有注解。

第二，作者会使用区别于日常用语的字词，比如在读亚当·斯密的《国富论》时，我们会读到劳工、资本、非成品等，这些词汇在我们的日常用语出现的频率不高，有它们出现的地方和段落，要做标记性重点阅读；达尔文的《物种起源》中就有更多关于"变种""种属""天择""杂种""适者"等的论述，它们也一样属于专门用语，需要特别看待，并结合上下文弄清楚它们的意思。

第三，作者会使用词的喻义或引申义，并清晰地阐释自己为什么会这样使用，这时我们要格外留意这些字词，起码在这本书里，它们对作者而言有"特殊的含义"，这也正是与作者建立沟通的枢纽。比如，"灵魂"一词，在叶紫《星》第五章中指的是"生命"："她很不愿意这弱小的灵魂孤零零地留在世界上，去领受那些凶恶的人们的践踏。"而在巴金《随想录·文学的作用》中，它则指"精神、思想、感情"等："文学作品能产生潜移默化，塑造灵魂的效果。"

第四，作者会在多处使用同一个字词，却将它们应用在不同的语言情景中。有些书的某些字词只有一种意思，它们可能频繁出现在书的不同地方，这样读者就能明白作者要强调的对象；有些书中同一字词出现在多个地方，但意思截然不同，此时会对我们造成困扰。这就要求我们首先了解这样的字词只有一个解释还是多个解释，如果是多个解释，就必须联系上下文，找到能准确解释它们的线索。

比如张岱的作品《湖心亭看雪》一文中，"上下一白"的"白"指的是雪后的"白色"，而"余强饮三大白而别"中的"白"则是指"古时罚酒用的器具"，泛指酒杯。

总的来说，分析阅读是适合我们深入阅读一本书的方法。分析阅读重在追寻与理解，但前提是我们掌握了纯熟的分析阅读技巧，不然囫囵吞枣，是难以深入理解一本书，享受美妙的阅读体验的。

5. 层次四：主题阅读

　　主题阅读也叫比较阅读，它是最高层次的阅读，对于读者的要求也很高。在进行主题阅读之前，读者必须掌握更全面、系统的知识，因为主题阅读针对的不是一本书，而是涵盖在一个大主题下的多种知识。它要求读者针对选定的主题寻找相关书目，在这些"同类书"中找出关联章节，并确定好哪些与拟定的主题最具关联性，并由此写出清晰的概念。根据自己的主题，要编制出一系列中立的词汇或是有关这一主题的新结论，这种词汇和结论可能并不存在于任何一本书中，但能与所选书籍产生关联。它是一种创造性阅读，往往会为我们带来创造性的收获。

　　主题阅读是阅读层次中最深层次的阅读方式，它可以避免零散阅读导致的知识遗忘、重复思考且理解浅显等问题。在进行主题阅读前，我们必须遵从两个原则：第一，主题阅读涉及的不是一本书；第二，要明白哪些书可以放在同一个主题之下。

　　如果是单一且明确的主题，比如父母如何教育孩子，这样的主题很容易选出目标书籍。不过，一旦主题过大、过于模糊，比如"战争"，那么在此主题下的书籍浩如烟海，如何能选出适合自己阅读的呢？所以，这就要求我们首先要明确自己的阅读目的，根据目的找到对应主题。

　　不管是学习还是消遣，有了明确目的才能选择适合的书，并采取恰当的阅读技巧。不同的身份会有不同的阅读目的，学者出于研究阅读、学生出于学习阅读、职场人士出于提升能力阅读，等等，所以搞清楚自己为什么阅读，才能开始后面的阅读活动。为此，也要在思想和行为上做好主题阅读准备。

思想上

人类的一切行为首先源于兴趣，阅读也是这样。对于自己选定的阅读主题没有强烈的兴趣和探索欲望，是很难实现有效阅读的。阅读意愿不强，空有好奇心，也是难以进行主题阅读的。此外，读者还要明确主题阅读的内涵，它区别于其他阅读层次的关键就在于研究，我们要主动搜索各种服务于主题的资料，从知识的接收者变成探求者。

行为上

做好了思想上的准备，就要马上开展行动。我们可以通过检视阅读，对目标书籍进行分类，在分类的过程中，随手翻阅书中的内容，这样也会对内容有大致的了解，把与主题相关的留下，无关的筛除。做好了这一步，就可以进入"主题阅读"阶段了。值得一提的是，在检视阅读环节之后，我们没有进入分析阅读这一阅读层次，原因是分析阅读的技巧更适合阅读单品，主题阅读却与之大不相同，这一点要注意。

主题阅读的步骤

第一步：找到与主题有关的章节。这一步的前提是我们已经通过检视阅读筛选出了很多书，之后要将这些目标书籍中的关联章节找到。这些章节对于我们理解主题有更直接的帮助。

第二步：与作者"有效沟通"。在找"关键字"的那部分，我们已经知道与作者达成共识，进行有效沟通的必要性和重要性，这一点在主题阅读中同样非常关键。我们通过筛选出的目标书籍，可以找到不同的作者对于某些相同词汇的使用情况，所以我们必须充当"引领者"，创建一组词汇来引导所有的作者与自己进行有效沟通，而不是被作者们牵着鼻子走。

第三步：把每个问题都梳理清楚。针对主题之下的所有目标书籍，我们要学会提出一系列问题，这些问题的解答者便是每本书的作者。也就是说，我们要在这些书中找到这些问题的答案。这并不容易，因为很多时候我们无法从任何一本目标书籍中找到清晰明确的解答。偶尔这些问题会被间接地解答，或者我们只能读完全书并反复思考才能找到答案。这是很常见的情况，倘若我们的问题都被作者解决了，我们就不再有问题了，而这种可能性几乎不存在。

第四步：界定议题。我们所提出的问题经由对目标书籍的检视后，如果从作者那里得到的答案只有正与反，那么这显然是个简单问题。但一般都会有两种或两种以上的答案，由此我们必须找到各种不同答案之间的联系，并对作者观点进行分类。

第五步：分析探讨。作为主题阅读的读者，我们有责任把提出的问题逐一解决，以便能够清楚地阐述主题本身和需要探讨的内容。分析探讨的过程建立在前四个步骤基础之上，也就是我们已经解决了某本书在讲什么，它是怎么讲这类问题的。但还有另外两个问题需要在探讨时解决——真是这样的吗？与我有什么关系？当我们对这类问题做了完整的分析探讨之后，我们才算真正地弄明白了大主题。

既然叫主题阅读，当然要始终把"主题"放在第一位，一旦发现离题跑偏的情况，读者就要思考自己的主题是否确定不明或范围过大。主题是核心，它左右着主题阅读从准备到正式阅读的每个步骤。

主题阅读是一项需要投入精力做细致研究和分析的阅读活动，它有利于我们把短时间内大量阅读得到的知识建立相互联系，以便形成我们自己的专属记忆。当我们能够坚持主题阅读，会惊喜地发现自己的知识体系更系统，记忆更牢固，视野也更开阔。我们能够通过主题阅读构建起自己的理论模型，使用起来也非常灵活、高效。

在主题阅读的基础上，我们也应着重于精深阅读。曾有一位企业家声称自己可以在一个小时内看完一本30万字的书，经过换算可知，他需要一分钟看5000字，一秒钟看83个字，这是真的吗？也许是，如果只看目录、纲要以及前言、后记，或再根据目录翻看几个章节，别说30万字，50万字也不在话下。但这种阅读更像是"检视阅读"，与分析阅读和主题阅读大不相同。

又或者说，这很像速读，但速读也不是走马观花式的阅读（下文详述），那种几乎不"过脑"的阅读只适合娱乐八卦和一般性新闻，如果阅读专业类、哲思类等书籍，这样的读法根本行不通。在主题阅读上就更不能采取这样的读法，那么，精深式的主题阅读具体要怎样做呢？

第一，带着目的阅读。这一点是所有阅读的基础，结合自己的职业和生活目标，有目的性地阅读会提升阅读质量。具体说来，销售员可以阅读谈判、沟通类书籍；管理者可以读驱动力、激发员工工作热忱类书籍等。

第二，锁定主题。在某一段时间内，只阅读一个领域和类型的书，或只选择一个作家的书。零散地看各类书籍不利于记忆、联系和建模，就更不用说比对和使用了。要想提升自己在某个领域的知识或技能，每个月至少要阅读该领域2~4本关联书籍。

第三，写读书笔记。记笔记在阅读上的重要性不言而喻，尤其想提升个人技能时，记笔记更为关键。我们可以根据个人习惯和目标书籍来选择适合的笔记记录法，比如可以制作思维导图、树形图或采用康奈尔笔记法（把一张纸的页面画出倒T形，共分为三部分，最大区域叫主栏，主要记录笔记内容；旁边的叫副栏，记录提示线索；最下面的部分叫底栏，主要写总结）等。

第四，深入思考。完成一个主题的阅读，并做好笔记后，要尝试着把每本书中有关一个主题的内容做类比分析，找出差异和相同之处，思考它们是如何产生这种差异的，有怎样的论证过程，以及自己能否通过同一主题得出与它们不同的结论，理由是什么、过程怎样等。通过这样的深入思考，我们对一个主题的理解就会越深入、越多元。

第五，建立模型。当我们阅读了一定量有关某一主题或某一领域的书，并做了深入的比较分析和实践检验后，就要创建自己的理论模型。具体的做法是：梳理某一工作中核心解决问题的流程，并把流程分成若干步骤；赋予每个步骤对应的核心词汇；按照首字母对这些标记的词汇排序，形成模型。建模完毕后，也要在实践中继续检验和改进、完善。

第六，实践检验。不管我们做了怎样的努力，都要通过实践来检验成果。

6. 阅读层次与读书"四问"

关于阅读层次，还有我国近代著名出版家邹韬奋所提出的分层次阅读和近代学者王国维的"三重境界"式阅读。

邹韬奋很爱读书，也善于读书，并有一套很实用的阅读方法。他说："读书时，其中特别为自己所喜欢的，便在题目上做个记号，再看第二次，尤其喜欢的，再看第三次，最喜欢的，一遇着偷闲的时候就常常看。"他的这套方法，便是分层次阅读。

泛读是第一层次。也就是一般性地阅读、浏览，不带有明确的目的，随手翻看，感兴趣就继续读，不感兴趣则放在一旁。泛读时不必遵从阅读流程，看看目录、序言、内容简介后，再读读内文中的若干页，熟悉大致内容。泛读的目的在于发现一本书是否值得自己继续阅读，不纠结细节、不注重推敲。

略读是第二层次。通过泛读，我们会找到目标书籍，接着可以粗略地通读一遍。略读需要我们集中精力，把握主题和书的结构。在略读时我们通常会找到某些适合深入阅读的章节，进行标记后要反复研读。虽说略读只要求我们观其大意，但是也要在略读后对全书的主要内容有一定的印象。另外略读讲求速度，需要读者快速捕捉重要信息。具体做法如下。

（1）略读时着重读首句和尾句，抓住它们的前后逻辑关系；

（2）提炼段意，找出段落关键词或主题句；

（3）把握时间主线，了解每个事件和故事大概；

（4）略读记叙类题材时，紧抓六要素：时间、地点、人物，事件的起因、经过、结果；

（5）略读议论类题材时，紧抓三要素：论点、论据、论证；

（6）略读科普类及社科类书籍时，把目光放在"成就""影响""目的"以及与之相关的一类关键字上。

在略读时还可以采用以下几个技巧。

（1）不要过分纠结于字词句，不要期待弄懂所有细枝末节，应快速掌握大意；

（2）书的标题、副标题、章节标题、文中的变色变形字体以及脚注等，是有助于我们快速略读的线索；

（3）阅读某一章节的开篇文字时，不妨放慢速度，以适应作者的叙述方式和风格，便于略读整体时有效把控；

（4）主题句、结论句或出现在正文中的转折词、序列词等，有助于我们理解段落大意。

精读是第三层次。顾名思义，精读就是认真、细致、精确地阅读，通过略读，我们会摘出一些关键章节，这些部分值得细嚼慢咽，所以要逐字逐句、逐章逐段地深入阅读，即精读。

王国维著名的"三重境界"式阅读，与艾德勒的阅读四层次及邹韬奋的分层次阅读有异曲同工之妙。可以做如下解析。

第一重境界：昨夜西风凋碧树，独上高楼，望尽天涯路。指的是阅读的开端，可以看成基础阅读阶段，这一阶段只需要理解字面意思即可，但这正是阅读之旅的开启环节。

第二重境界：衣带渐宽终不悔，为伊消得人憔悴。这一阶段相当于分析阅读阶段，"为伊消得人憔悴"又何尝不是在阅读中投入更多的精力和时间，做到专心、专注，甚至呕心沥血呢？

第三重境界：众里寻他千百度，蓦然回首，那人却在灯火阑珊处。到了这一阶段，阅读进入了最重要的主题阅读层次，我们可以拟定主题，经由分析，得出结论。此时的阅读到了"炉火纯青"的境界，阅读者能够对大量书籍做"拟题"，并形成自己的简介和理解模型。

这三重境界一层高于一层，后一层以前一层作为基础，相互依存，密不可分，当然，这需要阅读者通过大量的阅读来实践和体会。无论多么巧妙好用的阅读技巧和方法，只有当它能够真正地指导阅读，阅读者运用它得到了"实惠"，才能证明它的价值。

阅读的过程是不断提出问题、解决问题的过程，问题的难易度和关联性也因阅读层次而有所不同。在基础阅读层次中，我们要明白的只是一句话的基本含义和概念，但随着层次的提升，就不能只满足于解决这种基础问题。通常，有四个问题伴随着阅读的整个过程。

问题一：书中讲了什么？

要知道一本书讲什么，首先要搞清楚书的题材，是历史小说还是科幻小说？是悬疑小说还是犯罪小说？其次，试着参考内容简介和目录，结合自己的理解，用简单的几个词或几个句子概述这本书的主题，这个过程并不容易，但却是基本的阅读能力之一。具备这种能力，可以更迅速地把握一本书的整体。最后，通过自己的理解，重新列出一本书的大纲。原大纲是作者的写作思路，你拟定的则是自己的阅读思路。

问题二：作者通过一本书解决了哪些问题？

我们对一本书产生了阅读兴趣，这本书就有阅读的必要。在阅读过程中可以通过检视阅读等方法找出关键字，与作者展开"沟通"。通过这样的有效字眼儿，我们开始弄懂句意、段意和一个章节的含义，开始明白作者在书中提出了什么问题，解决了什么问题，试图解决什么问题。通过这种逻辑，我们可以进一步总结作者的观点，产生新的思考。

问题三：这本书写得有道理吗？

我们想知道一本书写得是否有道理，首先得知道写的是什么，并深入阅读，以免评价不实。有道理与没道理，也是要看站在什么样的角度。换句话说，我们的评论要中肯、客观。

在评论一本书时，切勿在没有拟出自己的阅读大纲，甚至还不懂书的大纲之前就妄下评论；评论时也无须争强好胜，非要"辩"出个所以然；个人观点总是过于主观，而且每个人因知识储备的不同也会对同一观点形成差异化评论，这都是影响客观评论的因素。

问题四：这本书与我有关系吗？

事实上，一本书写得是否有道理，与是否与我们有关系是两回事。

即便一本很有道理的书如果帮不上我们任何忙，那么它就与我们毫无关系。也可以这样说，如果一本能够带给我们启迪，或我们能够从中学到方法、悟出深意的书，自然与我们紧密相连。

遵循阅读的层次并带着四问去阅读一本书，从书中找到自己提出的问题的答案，或通过阅读引发新的思考，阅读才会真正起作用。

第四章

抓住要领，一目数行——速读

速读是一种阅读技巧，可以帮助我们快速读完一本书，并了解大概内容。但速读又不是纯粹意义上的"快速阅读"，我们在速读时也要遵循一些章法、掌握一些技巧，这样才能让我们的阅读既快速又高效。

1. 速读是快速阅读吗

速读就是快速阅读，是一种阅读方法，是一种形式上的略读，可以快速地了解一篇文章或一本书的大致内容。但是，在快速阅读的同时要注意技巧和方法。

我们常规的阅读都是传统阅读，也就是慢读。拿过一本书，我们会逐字逐句阅读，但速读要求的是一目十行。科学研究表明，人的大脑分左脑和右脑，分别负责处理不同的信息。简单来说，左脑负责逻辑、数字和文字等信息；右脑则负责图形、图像类信息。我们大部分人在阅读中采用的是左脑阅读，运用的是左脑的功能。速读则在我们运用左脑的同时也对右脑提出了要求，以便我们可以更快地进行阅读、文字处理和记忆及理解。

在进行速读之前，有必要正确地认识速读。

速读不是单纯地求快

同样的信息，获取速度自然越快越好，但阅读不是为了比赛，比谁更快地读完，贪多求快只会囫囵吞枣、不解其意，这样的匆匆浏览虽增加了阅读量，却很难达到"读后牢记"的效果。

速读是建立在"既快又好"的基础上的，侧重于采用科学的训练提升阅读速度。初始阶段，我们不妨制定合理、可达成的阅读目标，而后循序渐进，逐渐提升阅读速度。在阅读时必须放松心态，稳中求快、会中求快、记中求快，不把速度当成阅读的唯一指标，但要有意识地培养快速阅读的习惯。

速读不是熟能生巧

重复阅读会在一定程度上提升阅读速度，但这种提速有些"自欺欺人"，因为我们对熟悉的内容有记忆，大脑会产生条件反射，当重读一本书时，凭借记忆我们会了解大概内容，所以阅读起来会更快，但不能误把记忆当成提速事实。机械重复只会强化记忆，当我们面对一本新书时，可能这种方法就不奏效了。速读要通过科学用脑、科学用眼等训练来实现，当然，重复阅读也是掌握速读方法的必要条件，却不是充分条件。

速读不是快速记忆

速读之所以有更高的阅读效率，是因为它是一种"眼脑直映"的科学运用视力与脑力的方法，即读者用眼睛将书面上的文字信息正确识别后，直接传送到大脑进行理解和记忆，再由大脑将这些文字图像回忆和反映出来的过程。这种方法不再需要语言中枢和听觉中枢的参与，而是直接将获取的文字信息映入大脑记忆中枢进行理解和记忆。进入视野中的文字如同图像一样。

我们都知道，儿童更多的是图像记忆，而且他们的记忆力往往比成人更强，不过如果让一个儿童和一个成人在同等时间内阅读同一本书，儿童的阅读速度和效果肯定比不上成人，这是因为成人拥有更强的理解力。不少记忆法都建立在理解的基础之上，儿童的记忆力虽然强于成人，但理解力不及成人，所以说，快速记忆可以应用于速读中，但速读并不是快速记忆。

掌握速读的秘诀

当我们以传统阅读法阅读时，并不觉得过慢的阅读速度影响我们对知识的理解和吸收，不过一旦了解速读，就会发现传统阅读法太过"低效"。在单位时间内，常规的阅读为每分钟 200~500 字，掌握速读技巧的阅读者可以把这个数据提升 10 倍，每分钟可以阅读 2000~5000 字。

速读并不神秘，也不高难，任何技能的学习都要从零开始。当我们有意识地训练自己进行速读时，不妨先给自己做一个阅读测试，选择一篇以前读过的小说或一本新书的某一章节，字数不宜过多。准备好秒表，开始阅读后计时。通过这个小测试，可以清楚地知道自己 1 分钟或 5 分钟的时间里阅读了多少文字，记住了多少内容。而后，就能有针对性地调整阅读方式，这样的你，就已经踏上了速读训练的第一步。

现在，我们已经大概了解了什么是速读，以及如何正确看待速读。那么，怎样才能通过自我训练，成为速读高手呢？

第一，扫视法

读得快是速度的基本要求，不然就算缓慢地读完之后记得更牢固，理解得更深刻，也无法实现高效阅读。要想读得快，就必须看得快，也就是眼睛要跟得上快节奏。

小学生阅读时常常需要一边用手指着文字，一边一字一句地阅读，这种阅读自然很慢，也适合年幼孩童阅读。随着年龄的增长，我们开始从读书向看书转变，这里的看就是扫视。即变逐字、逐句阅读为字群、词群、意群阅读，用一目十行、一目多行等方式高速阅读文字，从而快速在原义中定位关键词。在扫视时要避免眼球没有规律的扫视及中途回视。眼前出现一段文字后，我们会根据学过的词语和句型进行整体阅读，这极大地提升了阅读速度，原因就在于我们拓展了"视知觉广度"。

第二，搜索法

每一篇文章都有其主题，通常会以关键字、关键词及短语等方式出现，在速读时，要快速抓住这些重点。我们可以通过目录检索出核心字句，记在心中，速读时搜索正文中出现这些字句的地方，重点阅读。

在最初训练时，不妨挑选短篇来阅读，由字到句，由句到段，快速掌握各段落大意，也就能更好地理解全文。

第三，中心法

有的书会在书名上体现中心思想，有的则在开篇或结尾点明主题，还有的是通过事件来传达主旨等。不管作者采用何种方式表达一本书的中心，我们都要有迅速抓住中心的能力。

第四，概括法

这种方法需要更长时间的训练，比如学生学习《记念刘和珍君》《秋色赋》等，要求摘录警句，这些警句对于理解整篇文章极具意义。我们在阅读一本书时，就要试着根据其中涉及的不同材料的不同特点概括主题，把握主线和大意。

第五，提问法

叶圣陶说："无论阅读何种书籍，要把应当记忆的记忆起来，把应当体会的体会出来，把应当研究的研究出来，总得认清几个问题——也可以叫作题目。"这要求我们在阅读一本书时，特别是经过检视阅读后，进行分析阅读时（主题阅读也一样），提前想明白要通过这本书解决什么问题。通过检视阅读，我们也大体明白一本书涉及的方面，针对这些方面提出问题，带着这些问题快速阅读，会更容易与作者达成思想共识。

2. 速读时，口、眼、手需要做什么

速读是为了更快获得信息，消化并吸收文字、图像资讯，这也是科学用眼、科学用脑的过程。与此同时，速读时也要调动整个身体机能，这并不是夸张的说法，如果速读时不能全身心投入其中，就达不到快速高效获取知识信息的目的。

在学生时代，我们常常被要求大声朗读。大声朗读会让我们专注于自己眼前看到的每一个字词句，一旦精神不集中或眼睛看向别处，便"无从入口"，这也是老师检验学生是否集中注意力的一个手段。不过大声朗读并不适用于速读，这是因为常人的语速无法跟上视读速度，并且声音也会对阅读造成干扰，让我们不能"深入思考"。在阅读时，声音会影响大脑皮层工作，让我们无法更专注，也不利于记忆和理解。学生时代的"大声朗读"剔除其他因素外，或许提前让学生进入课堂状态是唯一的目的。

有研究表明，人们在阅读时眼球呈现跳动状态，视线焦点会先落在第一个字上，而后停止跳动、对焦并读取信息，循环往复。简单地说，在眼球跳动和停顿交替的过程中，只有眼球停顿才能读取信息，眼停感知的文字范围越大，读取的信息越多。这是分解过程，统计表明，视线完成一次跳跃的过程中，对焦耗时在 1/4 秒左右，而视线从一个焦点到下一个焦点的时间一样十分短暂，只有几毫秒，几乎是"眨眼之间"。所以，在如此短暂的时间内，我们必须学会"闭嘴"。

大部分人的语速是每分钟 140 个字左右，播音员语速在 280 ~ 300

字，这样的速度念起新闻稿已经足够流畅，但比起速读时眼睛所看到的还是慢了很多。所以，在速读时我们应该让视读，也就是默读代替声读。

值得一提的是，很多人即便是视读，嘴唇也会不由自主地跟着一张一合，虽然不出声，但仍然有阅读的动作，这同样影响阅读速度。不易察觉的潜在发声仍然是一种发声，证明我们仍然在逐字逐句地"读"。这也是速读大忌，我们要有意识地克服这种唇动、舌动现象。

当然，凡事无绝对，声读并不是百分百地会影响阅读速度，有时候在阅读时默读某些关键字词句更能够加深理解，偶尔的声读是有利于阅读的。不过我们还是要尽量避免声读，有意识地改变这种阅读方法。在阅读时，尽量控制自己的视线从左至右、从上至下移动，并让视线的焦点落在每一处关键字词或短语上，或者一些带有转折的词语上。

受制于很多因素的影响，我们更习惯逐字阅读，就算有多年阅读经验的人也并不能彻底摆脱，特别是面对某些难以理解的内容时。我们知道，人的眼球在定焦时才能接收信息，逐字阅读会让眼球频繁定焦，这无疑会增加眼球的工作压力。而眼球只有在每次定焦时获得更多信息，才能提升阅读效率，显然，逐字阅读导致了阅读效率下降。

人的注意力也同样会在逐字阅读时分散，这是因为人脑在逐字阅读环境下只会处理较少的信息，"空白"时间过长，虽然这个时间不会单纯地闲置，也会处理并调节其他信息，但当庞杂信息多于阅读信息时，我们的专注力就不再聚焦于书本之上。随着"走神"的时间慢慢延长，我们开始变得困倦，难以持续阅读和思考。很多人也有过这样的体验，面对一本有难度、有深度的书，越是想认真细读，逐字研究，就越是昏昏欲睡，难以控制地产生很多杂念，最终别说理解其意，就是阅读下去都很难坚持。这便是逐字阅读造成的恶果。

所以，我们必须加强视线移动的练习，最奏效的方法是减小视线移动距离。在阅读较难或需要精读的书籍时，读一行文字可以有两次跳跃、三次停顿；读难度不大的书籍时，可以只有一次跳跃；读自己很熟悉的书籍时，把视线落在一行文字的中间部分，其他看不到的文字可以凭借自己掌握的知识和想象来补足。通过这种有意识的训练，我们的阅读效率会越来越高。

阅读主要靠双眼，那么手和身体是否能够提供助力呢？

在速读时，我们可以用一支笔代替手指，逐行向下移动，用笔来引导我们的视线。用笔代替手指是出于笔尖可以指向更精准的位置，不会漏行、错行，同时也相当于延长了手臂的距离，拓宽了我们的阅读视野的考虑。此外，随手拿一支笔也可以在速读时随时记录，标记出关键字词，画出关键段落等。

有些读者觉得用笔会阻碍自己的视线，无益于速读，这可能是因为他们移动笔的速度过慢，视线移动到下一行了，笔的动作却没有跟上。只要读者能够更快地移动笔尖，就可以轻松解决这个小问题。也有一种情况与此恰好相反，即笔尖移动速度快于视线换行速度。总之，这两种情况的出现都是因为读者还没有掌握这种方法，只要加以练习，手眼协调配合，对于速读将大有帮助。

那么，身体在速读时应该是怎样的状态呢？

阅读姿势因人而异，有的人以舒适为主，有的人则认为科学的坐姿最佳，也有人觉得在不同的场合要采取不同的姿势。其实不管在什么环境下，最合适的姿势应当是：上半身端正，后背挺直，倚靠在椅背上；双手或单手扶着书籍，手臂放松；下半身双腿自然弯曲，大腿与椅面呈平行状，小腿与地面保持垂直状或稍微前伸，不抖腿、不跷二郎腿；双眼与书保持一尺距离，胸部与桌面相距一拳，握笔时指尖与笔尖距离一寸。

当然，很少有人能完全按照这种科学的读写姿势阅读和书写，不过我们可以尽量保持，感觉疲累时稍微放松，久而久之便能有一个理想的阅读、速读状态。

3. 速读的"三技""八法"

在速读时，我们要有效掌握"三个技巧""八个方法"，让阅读既有速度又有质量。

技巧一：保持注意力集中

速读虽然要求阅读速度要快，但更要求在阅读之后达到理解的程度，因此在相对较短的时间内若想快速理解更多的内容，就必须集中注意力，在阅读时全身心地投入其中，进入"忘我"的境界，从而会更多、更快地记忆和掌握内容。

技巧二：提升整体识读能力

整体识读，顾名思义，就是把一些字词、句子或是一个段落作为整体来识读，这样一来，就可以最大限度地减少注视点和眼跳次数，进而扩大每次眼停的阅读视野，最终实现阅读速度和阅读质量的提升。

技巧三：是否熟悉阅读材料

总的来说，适合速读的书籍分为两大类：一类是读者特别熟悉的，一类是读者认为不重要的。新内容和新知识在吸收时都有一定的难度，并不适合快速阅读，因而读者要准确判断。

前文已经讲过，我们在一般性阅读时主要使用左脑功能，而进行速读时则需要左右脑同时协作，所以速读被称为"全脑速读"。以下是八种有助于实现"全脑速读"的方法，我们可以根据个人情况有针对性地选择。

方法一：浏览法

浏览即不细看、不精读，只了解大意，通过这种方法，我们可以拓宽自己的知识面，开阔眼界，达到"博览群书"的效果。使用这种方法阅读时，目光所到之处不是几个字或几个词，而是一句甚至两三行。这种方法也适用于图书馆选书或在书店等需要快速翻阅新书的场合。

方法二：选读法

这种方法一般是在通观全文之后，选定部分章节进行二次阅读，这样读者会把注意力放在主要观点所在的篇章上，对其余部分可以一带而过，这自然会提升阅读速度。

方法三：扫读法

也叫"面式阅读法"，相当于将一片文字同时录入视野范围，快速检索出重点信息。通过扫读，我们可以实现一目十行或一目数行，大量地获取信息。在快速扫视时，我们对篇章会有整体印象，这种读法会摆脱纠结于个别字句意思的情况，甚至会比逐字阅读更容易把握书的要旨。要想掌握这种阅读法，平日里要做专门的训练，比如视觉扩展训练，有意识地拓宽眼停范围。

方法四：扫描法

不同于扫读法的是，这种阅读法的目的在于从书的章节中直接抓住直观且明显的文字信息，比如人名、数据、成语、生词、论点、短句、英文注释等。受过阅读训练的读者，翻开一本书后可以自然而然地把目光落到这些提示信息上。

方法五：寻读法

这种方法与扫描法相似，但略有不同。寻读法常用在我们的日常学习和工作中，比如在报纸杂志上寻找重要信息、查阅字典词典寻找某个生僻字词的读音和释义、在产品说明书中寻找排除故障的方法、检索一本书的目录以查看是否有感兴趣的内容等。在快速扫视某本书的篇章过程中，寻读法会帮助我们找到某个问题的直观答案，前提是我们的问题也同样直观，比如查询概念、年份、地名等。

方法六：提问法

带着问题阅读更容易让我们了解一本书。我们提出问题后，可以快速阅读找寻作者是否在书中或直接或间接地予以解答。比如《鲁迅的精神》这本书，在阅读之前要带着"鲁迅有什么样的精神"或"以何种事件或方式表现自己的精神"等围绕主题的问题。随着阅读的深入，我们就会读出他的"政治远见""斗争精神""牺牲精神"等。

方法七：猜读法

猜读法对读者提出了一定的要求，它需要读者能够根据已了解的题目或前文推测出后文的大概内容，之后带着自己的推测继续阅读，以印证自己的推测是否与实际内容相符，如有差距，要了解产生差距的原因。

这种阅读法可以让读者保持思维的活跃性，提升读者的认知判断力和创造力。当读者能够经由练习提升推测的准确度时，对于书籍的内容会有更精准的把握。比如，在阅读海明威的《老人与海》时，当读到主人公第一次遇到鲨鱼时，我们可以推测他是如何与鲨鱼较量的、在较量中受伤了吗，以及最终结局如何。我们推测的目的是锻炼自己的思维，而非一定要猜准。

方法八：组合记忆法

这是一种综合性阅读法，要求读者在记忆新概念时，以脑海中存有的概念和知识为基础。

采取"以旧带新、以熟带生"的方式。据统计，当熟练地使用这种阅读法时，每分钟可以阅读 800 字以上，并能更轻松地记忆。

速读讲求效率，旨在用更少的时间获得更多新知。中国历史上的许多名人也都有其独特的速读方法，诸葛亮的"观其大略"就是一种速读。

★☆★☆★☆★☆★☆★☆★☆★☆★☆★☆★☆★☆★

诸葛亮出身于官宦之家，3 岁丧母、8 岁丧父，后跟随叔父生活，16 岁时已是满腹经纶，自比管仲、乐毅。他喜欢读书，也善于读书，由此成就了他的足智多谋。说起读书，他有自己的方法，称为"观其大略，得其精髓"。史学家陈寿在《三国志·诸葛亮传》中说："亮在荆州，以建安初与颍川石广元、徐元直、汝南孟公威等俱游学，三人务于精熟，而亮独观其大略。"具体来说，他的"大略"是说不会一头扎进书中，死记硬背，而是快速阅读，汲取精华。

这里的"略"有几层意思。一是泛指文章的主题、提纲或中心思想，而非"粗略"地了解。在读完一本书后，要掌握文章的要旨，这才是关键。二是指思维、智慧。诸葛亮在阅读时重在读取提升思维和智慧的文章，其他不能达到这一目的的部分则略读或弃读。他年纪轻轻便自比管仲、乐毅，这种定位本身就决定了他必须选择更"高效"的读物和技法。三是指治学上的艰苦。极具智慧的话往往只有几个字，或者说一句话便"包罗万象"，而级别越低、层次越浅，却往往连篇累牍。《隆中对》中有这样一段话，"天下有变，则命一上将……向宛、洛，将军身率……出于秦川"，表面看是两路出兵，实际上"天下有变"这四个字涵盖太大、太广的意思。

诸葛亮凭借着将书"越读越薄"的速读法，抓住的是核心，舍弃的是细节，这也符合他掌控全局的思维认知。

"五柳先生"陶渊明在阅读上也推崇"观其大略"，他的"好读书，不求甚解"同样是速读的体现。在读书上，他从不穿凿附会，不会纠结于一词一句，而是先通览全书，"取其精华，得其真趣"，这便是"每有会意，便欣然忘食"。通过速读，他会更快地发现那些需要理解、掌握的知识点，以及值得自己精读、读懂的好书。

★☆★☆★☆★☆★☆★☆★☆★☆★☆★☆★☆★☆★☆★

在进行速读时，我们也要灵活运用各种速读法，或选择某一种，或选择几种配合进行，以求达到最好的阅读效果。

4. 当读则读，当弃则弃——舍弃那些没有价值的部分

我们在阅读一本书时，会发现书中的某些内容对自己很有吸引力，有些部分则枯燥无聊，让人想马上弃读。这很容易理解，一本书的作者在写作时需要布局和构架，在创建一个趣味世界的过程中需要从不同方面铺垫，但作为读者的我们更关注最终形成的趣味世界是怎样的，自然就会对如何构架的过程没那么兴趣盎然。

在阅读时，那些看似枯燥无聊的部分也许恰恰是这个过程。有必要说明的是，对于某些书籍，我们必须了解这个过程，否则结果就显得毫无意义，比如技能类书籍。我们知道掌握一项技能就多了一种生存的本

领，所以更重要的是要知道怎样具备这种技能，这就需要通过阅读了解获得这种技能的过程。在阅读中，不应速读的也正是这部分内容，不过，这并不意味着所有技能类书籍的技能获取过程都要逐字逐句去阅读。不管怎么说，我们的阅读要有取舍，这也是速读的一个基本要求——当读则读，当弃则弃。

★☆★☆★☆★☆★☆★☆★☆★☆★☆★☆★☆★☆★

一个年轻人在留学期间，决定专攻多媒体研究，于是开始借助信息通信技术、广播电视媒体、多媒体及出版、广告等手段搜集信息，还在网上搜索以前刊登在报纸和杂志上的相关信息。起初他并不了解这一领域的专业术语，只能从基础学起。他开始运用"速读法"来让自己的大脑快速建立对该领域的认知。

通过"速读"，他的确可以更快、更多地了解该领域的各种知识，不过因为浅尝辄止，所以并不能深入理解。然而，在阅读了几本书后，他惊喜地发现自己"无师自通"了。因为"速读"虽然只是让他相对粗浅地了解该领域的知识，但是他也意识到一本书中的难点总会在另一本书中被再次提及和阐释，所以"速读"等同于帮助他舍弃了更多无用、无效信息。就这样，通过速读，通过对"没有价值"的内容的舍弃，他最后用相对少的时间成为多媒体领域的专家。

★☆★☆★☆★☆★☆★☆★☆★☆★☆★☆★☆★☆★☆★

在管理学中有一个"二八法则"，即任何一组东西中，最重要的只占其中一小部分，约20%，其余80%尽管是多数，却是次要的。事实上，"二八法则"这一经典管理学原理同样适用于阅读。简单来说，一本书的精髓只占整体的20%，所以我们在阅读时也要以舍弃这本书80%内容的心态来速读，这样才能更准确地理解作者的真实意图。特别是商务类和实用类书籍，其中80%的内容都会对我们理解和记忆重点内容产生阻碍。

米开朗琪罗在被问及怎样雕刻出了大卫像时这样回答："并不是我创造了大卫，他本来就在石头中，我只是把多余的石头敲掉。"我们要阅读的每本书中都有一个"大卫"，所以我们要做的不是努力寻找"大卫"，而是把无用的部分舍弃，也就是通过跳读、略读等方式，让"大卫"自己"现出原形"。

当我们有这样的阅读思维时，就自然会跳过很多不必要的内容。在这之前，我们必须准确地掌握一本书的结构，通过速读，能够抓出重点，再次阅读时，就能合理地把时间分配在"吃重点"上了。

有些作者还会在后记和书的末尾处才揭晓谜底，这是因为一本书即将写完时，就像送别一位老友一般，嘱托的话语回味悠长且令人难忘，往往会把埋在心底的话表达出来，它更似一种思想的升华。掌握了这一点，我们不妨事先了解这两部分内容，回过头再去阅读时可能就会有"一览众山小"之感。

通常，一本书都可以压缩成 5000～10000 字的内容，个别情况除外。这些字数足够阐述清楚一般性的道理，作者之所以要花费更多的笔墨拓展内容，是带着深入分析和解读的想法来创作的，更多普通人未必能在更少的文字上得到更多的信息。不过作为阅读者，我们要有意识地略掉会"浪费"我们时间的内容。古人云，"书读百遍，其义自见"，这是一种重读的概念，在下文会详细阐述。通过重读，我们会发现一本书的精髓要点甚至可以被减缩成一个词语或短句，抑或一句话就能概括。

或许你会觉得不可思议，但事实就是如此，我们的阅读量和知识储备正是在过滤掉无用信息的前提下才增长起来的。我们的大脑会下意识地处理很多信息，并不需要刻意去这样做或那样做，这是经验和思维的结果。

一如我们前文谈到的那样，速读并不意味着求快、求多，放弃既占用我们大块时间，又不能带给我们收获的书籍，只是为了让我们把更多精力用在值得去做的事情上。当弃则弃，也要当读则读，一旦我们遇到的是一些需要投入更多时间和精力的书籍，就必须下一番功夫，这时我们需要改变阅读模式，从速读回归慢读，细致品味。有取有舍，并做到因书而异，合理运用时间，会让我们的阅读更高效。

 ## 5. 打开你的视野，读起来更快

我们已经知道，阅读时的视野越宽，眼球定焦时获取的信息也就越多，我们读得就会越快。研究表明，人类双眼的视角一般为 120 度，经过专门练习后会扩展到 180 度，最大视力区为 35 度，这一数字以外的区域是余光及周边视野区；视力清晰区为 15 度，最佳视力区为 1.5 度。根据这些数据可知，要想拓宽我们的阅读视野，就要增大视力清晰区的范围。

按照 15 度的视力清晰区来计算，我们距离书籍一尺远时，在纸张上投射的范围大概在 8 厘米到 9 厘米，一本 32 开本的书的版心横向长度约为 10 厘米；16 开本的书约为 15 厘米。简单来说，可以把一整行文字放入视力清晰区内。

我们可以通过"字母树"来练习。具体做法如下：

第一，在一张纸的中央部分从上至下写出数字 1~15（或者用随机字母）；

第二，在数字的两侧拉开一定距离，分别随机写下任何字母或汉字；

第三，字母树的形状从上至下逐渐变大，呈"扇形"；

第四，用一张纸板将整个字母数盖住，然后先露出第一行中的"数字、字母或文字"，并迅速盖上；

第五，露出文字时，视线聚焦在中央的数字上，遮住后要在脑海中回想数字左右两侧的字母或汉字。

在刚开始做这种练习时，我们的注意力通常集中在中央的数字上，对于两侧的字母或汉字印象模糊或根本没有印象。但随着训练时间的增加，以及我们对这种训练方法的熟悉，会慢慢地记得数字两侧的字母或汉字。当我们在练习中获得更好的效果后，不妨尝试着在两侧填写更多的字母和汉字，记忆越多，证明我们的视线清晰区越广，不过要避免写下连贯的词语或短语。通过这种持续增加文字内容的训练，我们便可以从字母树过渡到树形图，也就是说，我们的训练会越来越接近于一般书的正常排版。这种"脑中成像"会极大地拓宽我们的阅读视野。

这种拓宽视野的练习法还有助于改掉我们唇动、舌动的习惯，提升单纯用眼来获取信息的能力。也就是说，通过字母树练习法，我们的视野宽度增加了。

一个人的阅读速度也是由一眼看过去能够看到多少内容决定的。有的人一眼只看到一个字或几个字，有的人却能一下看到一句话或几句话，这种差异性自然决定了他们获取信息的速度和效率。我们的眼睛就像"花洒"，视线呈扇形向外发散，中间部分的信息最先被我们读取，边缘部分的信息被读取的时间稍短。所以，一旦我们能够把读取信息的面积扩大，我们获得信息的量也就自然增加了。

当我们看一本书时，基本上是"从左至右、从上至下"，呈"Z"形，这种阅读方式也叫定向阅读，或者叫"横式阅读"。这种阅读方式的优缺点很明显，优点是不遗漏任何部分，缺点是速度太慢，我们的视野受制于印刷方式，每次读取的信息非常有限。虽然我们已经掌握了"字母树"视野拓宽练习，但这种方法也不适合所有场景。

我们很多人都有过这样的经历，在书店或某浏览室、图书馆看书时，随意翻看书架上的某本书，不需要刻意去记忆，就能很快了解这本书的大概内容。但要是买下某本书，开始一本正经地阅读时，往往阅读速度和效果都不佳，这是什么原因造成的呢？

原因很简单，我们在家里阅读时更多地采用的是定向阅读，而在书店、浏览室等外面的环境中，采用的则是"竖式阅读"。这也是我们在做字母树训练时应该注意并掌握的另一种训练法。

竖式阅读可以提升我们的扫描速度。这里的扫描，是说我们在家以外的环境下阅读时，会最先抓取引起我们注意力和兴趣的文字，并怀有强烈的好奇心去阅读。当读完几页有趣的文字后，会跳过某些部分，继续寻找新的能够吸引我们的点，再次阅读。简单地说，这时我们的阅读轨迹与定向阅读不同，是呈"S"形，在扫描时主要查找关键字词，目光以中央位置的文字为基础，左右不断游离扩散，抓取有用的信息，迅速在大脑中处理并拼凑出完整的逻辑。

这种阅读方式非常适合阅读小说、历史、各学科教材、工作所需的材料以及网上信息等，通常它的阅读速度是定向阅读的4~5倍。那么，我们需要通过哪些训练才能掌握这种阅读方法呢？

人的视线总是会轻易地被运动的物体吸引，静止的事物往往会被忽略，所以利用这一点，我们可以用一支笔来做这种竖式阅读训练，以达到一目数行的效果。具体的做法是找出一段文字，在阅读时从左至右绘出"螺旋状"，不用画出实线，只要形成这种线条的运动轨迹即可。一般挥动的跨度在三四行，起初不应过快或行数过多。

通过笔的引导，我们的视线也会随之上下波动，波动的范围由挥动的幅度决定。除了从左至右顺时针上下挥动外，也可以逆时针挥动。顺时针挥动时，我们的视野会向下扩展；逆时针挥动时，我们的视野会向上扩展。借助这种练习，我们的视野会逐渐被打开，会变得越来越宽。

经过一段时间的训练后，我们会养成视线上下波动的习惯，即使没有笔的辅助，视线不刻意上下波动，也能够一次性摄入更多行数的内容，会真正地达到"一目数行"。虽然我们的视线仍然保持水平移动，但上下几行内的信息也会跃入我们的视野内，由大脑对文字做瞬间记忆、乱序重组。加之一本书的一个篇章的内容，上下文始终有内在的逻辑关系，所以重组起来并不困难。

但从阅读本身来说，我们的视野宽度表现在更短的时间内获取更多信息上，视线波动越快，单位时间内获得的信息就越多。而今，随着社会的发展，阅读媒介的多样化也在一定程度上要求我们必须拓宽信息来源的"视野"。现在的我们想要读得更多、更快，就要做到与时俱进，借助各种工具来打开我们的视野。

早在 2016 年，互联网著名预言家凯文·凯利就在他的作品《必然》中提出了"屏读"的概念。在他看来，人类正在被电视屏幕、电脑屏幕、手机屏幕等各种显示器包围，并从这些多样化的屏幕中读取相应的信息。

纸质书与电子书在内容上并无二致，但阅读方式却大不相同。以手机阅读为例。首先，手机阅读的速度要快于纸质书阅读。打开公众号或微博上的一篇文章，边看边轻轻滑动页面，假设一篇文字有 2000 字，可能只需要两三分钟就能看完。计算一下可知，我们每分钟居然可以阅读 800~1000 字。达到这种速度的另一个原因也许是心理作用：读完这篇还要看另一篇更有趣的。

其次，手机屏幕更小，所以每行字数更少，这既是优势又是缺点。优势在于，在我们的视野清晰区内可以一次性纳入更多信息；缺点在于"破碎感"过强，不容易集中精力阅读。当然，有人可能会选择平板电脑这种屏幕更大的载体阅读，但阅读感受是一样的。屏幕式阅读更像是为了获得资讯，而非真正的"阅读"。

最后，手机阅读要求我们有更强的瞬间记忆能力。书中的一页内容，在手机上可能需要翻阅三四次屏幕，如果不能记住前面的内容，就不利于后面的阅读。

不管怎么说，屏读也是一种阅读趋势和方式的选择，它在一定程度上也能拓宽我们的视野，让我们更容易获得信息，丰富自己的头脑。同时，屏读还有纸质书不具备的一个最大的优势——视频。我们可以通过观看视频更动态地了解未知的知识，对于知识的接收和消化也会更迅速、直接。

我们在此并不是为了探讨纸质书与屏幕阅读哪个更好，也许应该这样说，在科技发展日新月异的今天，我们既需要纸质书带给我们真实的阅读感受，又需要借助屏幕阅读获得第一手资讯，以便更多元地打开视野，与这个世界建立最紧密的联系。

6. 提高你的专注力

实现速读的一个基础要求，便是集中注意力，提高专注度。我们在阅读时常有跑神的情况，这是我们的下意识行为，需要刻意控制才能改变。国学大师陈寅恪在一次演讲中告诫青年人："心有浮躁，犹草置风中，欲定不定。"他要求学生要集中精力，清除杂念，专注于自己的功

课。不管做什么事情都应该如此，阅读也不例外，尤其是速读。

速读本身要求阅读速度要快，且快得有效果，所以在速读时精神要高度集中，保持良好的注意力，让大脑有更精准的感知、记忆和思维认知。所谓"两耳不闻窗外事，一心只读圣贤书"，这说明了读书时的专心，在速读时也一样要一心一意。

在阅读时，我们可以通过封闭自己的听觉感官以达到提高专注力的

目的，辅以笔来引导视线，让精神在阅读的时段内集中在一点上，就能达到事半功倍的效果。

阅读要有主动性，在阅读前强化意识，告诉自己在做一件重要的事情，避免目光机械地扫过文字后大脑一片空白。

意志力的训练需要强烈的自主意识，一些瑜伽理论认为，我们每个人都能有效控制自己的意识而不为意识所控制。这种意识更像是一扇门，只有集中注意力，保持足够的专注度，才能打开这道心灵之门，容纳更多知识；反之，一旦注意力涣散，心灵之门紧闭，那么无论如何都读不进去了。

提升专注力的同时还要确保心如止水，也就是心要静、神要稳，避免心浮气躁、急于求成。拿过一本书，未必要马上吃透所有内容，心情急躁做不来任何事，阅读更是如此。我们可以通过以下几个方法确保我们在阅读时的注意力高度集中。

第一，明确目的

这是个老生常谈的要求，但却至关重要。阅读的目的越明确，我们对于阅读意义的认知就越清晰，阅读时就更容易集中注意力，期待从阅读中探寻达到目的的方法。

第二，培养兴趣

我们对于自己感兴趣的事情总会付出更多精力，也愿意调动全身细胞服务于这个兴趣。所以，培养阅读兴趣，爱上阅读，才会集中精力做好这件事。

第三，营造环境

当我们专心阅读一本书时，如果身旁播放着嘈杂的音乐或人声鼎沸，恐怕很难继续沉醉在书本之中。为了更高效地阅读，有必要清理周围的一切杂物，并远离嘈杂环境，排除一切干扰视线和听觉的外在因素。

第四，自我克制

闹中取静是一种高难的阅读方式，我们也经常需要在不安静环境下阅读，除了在家中，其他工作或学习场所并不能真正实现"零噪声"。因而，克服不利环境，学会抵御外界干扰，也是提升专注力的有效手段。

第五，全神贯注

任何人都有因聚精会神地做一件事而暂时"失聪"般的经历，那一刻我们的注意力只聚焦于一点上，所以试着在阅读时找到这种感觉，会极大地提升阅读效率。

第六，积极思考

在阅读时，跟随着作者的思路思考文中的观点或情节如何发展，会让我们更专注于阅读本身。

除了以上这几种方法，我们也可以根据个人阅读习惯来找出最佳的提升专注力的方法。比如在阅读时，做好快速翻页的准备。快速翻页能够有效避免流畅阅读时产生的障碍，当我们正沉醉于一段文字或一个情节发展时，因翻书动作慢，或许阅读思路会被马上打断，继而思想开小差，发生短暂神游，此时若有外在因素的干扰，那么我们就需要更多时间来调整再次进入专注阅读的状态。

不要小看快速翻页，它是速读的最佳搭档，眼睛看得快，手却不能快速翻页，就达不到速读的最佳效果。我们可以对此做一些针对性练习。不管是采用拇指、食指直接将书页捻起的方法，还是拇指压在书页右下方，然后用食指拨出一页，最后两指同时将书页翻过的方法，抑或右手将整本书"蜷起"，单靠拇指一页页拨动的方法，都要先有一个预备翻页动作，这决定了手速能否跟上眼速。当然，还要考虑阅读的书籍装帧设计情况，比如平装、精装、匣装等。针对不同装帧设计的书，翻页方式也有所不同，但翻页预备动作必不可少。当我们把这种动作转变成下意识的习惯，就能实现眼速与手速同步了。

还有一个让我们的专注力始终维持在一个水平线上的方法——不要回读。

我们在阅读时总会碰到一时不能理解的内容，大部分人出于对上下文内容连续性的考虑，觉得不弄懂当前的内容，对后续阅读会产生障碍，所以会借助反复阅读来加深理解。殊不知，回读会打乱我们的阅读节奏，成为高效阅读的障碍。

如果我们好不容易进入"沉浸式"阅读状态，突然被一段内容卡住，于是为了弄懂这段内容，视线和思路始终停留在这一部分，也就不能继续往下阅读了。为此，还要回头去读前面的内容以更好地理解当前内容，我们的整个阅读状态就此土崩瓦解。幸运的话，弄懂了这部分内容，再继续阅读又要重新"找感觉"；倘若没那么幸运，是否要一直卡在这里呢？说不定随着我们持续的阅读，这个难题就迎刃而解了。

通常，一本书的布局都有自己的逻辑和脉络，即便突然跳出一个陌生短语或句子，甚至一段与上文看似关联不大的文字，也会在后面部分被相应地解答，所以此时回读甚至中断阅读，查找工具书来解答都不是明智之举。回读只有在我们针对一个问题，要从一本书中找到答案时才显得更必要，也更奏效。对于常规的速读，回读可能会浪费我们的时间和精力，分散我们的注意力。

另外，回读应该发生在一个完整章节之后，这时才适合回头弄懂模糊概念，而不应碰到一个概念或一段话就反复回读。

7. 借助 "限时法" 突破阅读极限

所谓 "限时法"，即限时阅读法，这要求我们在规定的时间内完成阅读。我们都知道时间是宝贵的，是不能浪费的，在阅读一本书时也一样不能漫无目的，没有计划，信马由缰地阅读，只会浪费时间，降低效率，也就违背了速读的初衷。

从某个角度来看，速读除了是对一本书进行快速阅读外，也是针对阅读本身，这就要求我们根据自己的实际情况和阅读习惯制订阅读计划。

★★★★★★★★★★★★★★★★★★★★★★

北宋政治家、文学家欧阳修有一种名为 "计字日诵" 的读书法，这一方法是根据他的阅读经验而来。他精选了《孝经》《论语》《诗经》等十部书共 455865 个字，然后规定每天熟读其中的 300 字，用三年半的时间全部读完；每天背诵其中的 150 字，七年的时间背熟。他说："虽书卷帙浩繁，第能加日积之功，何患不至?" 果然，在他的计划下，一部部经典书籍都被他背熟了。

★★★★★★★★★★★★★★★★★★★★★★

欧阳修的这种读书法就是一种 "限时法"，他为自己设置了具体的时间内需要完成多少任务，循序渐进，集腋成裘，最终成功地背熟了一部部经典佳著。我们在阅读时也可以如此，当我们设定了有限时间，注意力会更加集中，会按部就班，或者加班加点地按时完成阅读量。倘若没有时间限制，一直懒洋洋地对待阅读，又怎能做出成绩呢?

当我们手捧一本喜欢的书，时间又有限，我们会为了尽快了解全书而快速读完，并且留下深刻印象。这是什么原因呢？在这种情态下的限时阅读取得了极大的正面效果，我们的阅读潜力得以被激发出来。从大脑功能运转角度看，我们清楚地知道"时间紧、任务重"，这种信号会迫使我们集中精力，全力以赴。在这样的"压力"之下，我们感知文字的速度也会加快，眼睛扫描信息并录入大脑的频率也会提升。

可以说，设定有限时间，对于做任何事情都能起到积极作用。在阅读上也是如此，我们需要的不再是尽力而为，而是必须做到的决心。有了这份决心，行动起来也会更迅速、更高效。

在日常工作中，按照工作手册一板一眼地做，我们很少会犯错，而阅读的时间设定表就如同一份临时的工作手册，它要求我们在规定时间内做到什么程度，比如在 1 小时内读完一本书的两个篇章并能概括出主要内容。这个目标是清晰的，时间是有限的，剩下要做的就是我们如何通过行动达成目标。

另外，还有一点非常重要，它让限时阅读更具意义，即我们要在怎样使用时间上下功夫，而不能认为花了更多的时间就会取得更好的效果。

★☆★☆★☆★☆★☆★☆★☆★☆★☆★☆★☆★☆★☆★

一名大学生准备阅读《零边际成本社会——一个物联网、合作共赢的新经济时代》一书，这本书有着一定的阅读门槛，他在试读了部分章节后，打算花三周时间读完。除了上课和必要的外出时间，他几乎每天窝在房间里阅读。只是，在阅读过程中，他会时不时"开小差"，或因为其他琐事而中断阅读。最终他比预期多花了一周时间读完了全书内容。

一周后，当他在一堂选修课上听老师介绍这本书时，突然发现自己脑子里"一片空白"，他几乎想不起任何重点内容，只有零碎的印象。后来他与老师交流了读书心得发现，自己虽然断断续续读完了这本书，但并没有真正地读进去。他接受了老师的建议，尝试每天花 3 个小时集中精力读完其中的 5 个篇章，这样本书的 16 章内容只用 3 天多一点的时间就全部读完了，而且他觉得自己抓住了更多的重点，与之前相比，自己就像"第一次"读这本书一样。

★☆★☆★☆★☆★☆★☆★☆★☆★☆★☆★☆★☆★☆★

为什么这个大学生用了更多的时间却没能取得更好的效果？相信这已经不言而喻了。他虽然制订了阅读计划，但过于笼统，不像欧阳修那样精确到"天"，更没有一定要达到某种效果的心态，只要求自己"读完"而已。当他采纳老师的建议，把时间做有效分割，就等于进行了"限时阅读"，不管每天的 5 个章节难度如何，他都必须设法在 3 个小时内"啃完"。换句话说，通过这种方法，他必须懂得如何分配时间，在规定时间内做最有效的动作。

心理学上有一个理论，叫沉浸理论，说的是当人在做某些日常活动时会完全投入到某一情境之中，全神贯注，不会被眼前的事物所干扰，会过滤掉一切不相干的知觉。当人进入这种沉浸状态后，对于自我意识和时间概念会彻底丧失。阅读非常喜欢的一本书时容易进入这样的状态，但要注意，根据限时阅读的规则，我们不能忘了时间，这一点至关重要。原因很简单，并不是所有书都会激发我们的兴趣，一旦我们不能遵守限时阅读规则，在喜欢的书上沉浸式阅读，而对于必要却并不喜欢的书很难真正掌握这种阅读法，也就无法达到提升阅读效率的目的。

花费更多的时间达到更好的效果，似乎已经成为一种根植于我们内心的不可撼动的理论，但往往结果事与愿违。从另一个层面讲，花费更多时间也意味着不够重视时间，也表明目的不够明确。所以，在阅读时，有必要对时间进行压缩，提升时间的"燃烧比"，在如何使用时间上多下功夫。

一般来说，短时间内的阅读更容易抓住重点，我们的心理认知首先会为达成这一目的鼓足信心和勇气，让我们可以迅速调动全身机能为暂时的目标服务，眼睛与神经的运转会彼此促进，相得益彰。而没有时间限制，会让我们变得"有恃无恐"，思考滞后、动作缓慢，致使速读徒有其名，有速度，没质量。

限时阅读法奏效的另一个助力便是"快速理解"。速读时一方面要求眼睛快速捕捉信息，另一方面则是大脑快速处理信息，也就是理解。理解的速度越快，在规定时间内我们越能接纳更多信息。

快速理解要求我们充分调动大脑资源，边速读边同步思考，在最短的时间内把获得的新知转化为自己的，也就更能摸清作者的思路。很多时候，我们并不能一下子摸清作者的思路，这就要求我们必须把作者的观点和相关依据从一本书的脉络中拆分出来，按照我们自己的思路重新整理。在这个过程中，我们会打乱作者的行文逻辑，破坏书的完整性，甚至会理解错误，但只要我们遵从自己的需求，能够从书中找到自己要汲取的养分就够了。

8. 消除阅读中的负面情绪

负面情绪会影响一个人生活和工作的各个方面，在阅读上也不例外，尤其是速读。速读要求我们更快地掌握书的要旨，一旦我们不能心平气和地投入阅读中，付出的时间和精力都将毫无意义，空有阅读之名，而无阅读之实。因而，在阅读时我们必须怀有积极的心态，切勿让负面情绪影响阅读效果。

克服畏惧心理

阅读也会产生畏惧心理吗？这就像我们面对一项难度极大的工作一样，避而远之，我们永远无法真正了解自己是否有能力解决难题。"消除恐惧的最好办法就是直面恐惧"，我们在阅读一本难度很大的书籍时，在开始之前会产生畏惧心理，觉得自己"读不来"，这会让我们在阅读时难以集中注意力，当碰到书中难懂的部分时，会心安理得地觉得"我就说这书难度太大，不适合我"。

相反，一本熟悉的书或文章摆在我们面前，我们就不会产生这种心理，因为我们已经在潜意识里对书的难易度有了初步认知。这是否正是"恐惧源于未知"？

我们的阅读总是遵从循序渐进的模式。如果你是一个文科生，也许不会把业余读物锁定在《算法之美：指导工作与生活的算法》《物理学的未来》等一类书籍上，《女神》《哈姆雷特》《歌德谈话录》可能才是更适合你的。甚至于，你可以从简单的故事类书籍开始，一步步过渡到知识涵盖更广、思想更有深度的文学作品，而后再涉猎其他领域的读物。

另外，我们原本制订了阅读计划，但在规定时间内并没有完成，或是觉得自己应当能够记住一定比例的内容，可却没有实现，这些都会让我们产生畏惧心理。

找到问题的源头，便于我们寻找解决之道。如果是因为书籍本身难度大，可以先做一些阅读准备工作，查找相关帮助阅读和理解的资料或导语提示等；若是速度过慢，就得有意识地做速读训练，规定自己一分钟要阅读多少内容并做到理解。方法总比问题多，要想达到快速阅读，首先就要突破心理关口。

客观看待一本书及作者

我们阅读一本书是为了得到知识和启迪，当然，并不是所有书籍都能恰好满足我们的需求。当阅读时，随着书中内容变化产生负面情绪时，也就是对书本身，甚至作者的观点"不敢苟同"时，阅读者可能会嗤之以鼻，对书和作者做出并不客观的评价。这样做除了妨碍我们真正理解一本书的真实意图之外，并不会产生积极作用。每个人都有对一件事情做出不同解析的权利，我们切勿只凭个人喜好妄下论断。当我们被个人情绪所累时，就无法正常思考，做出的判断也必然有失公允。

值得一提的是，产生情绪也证明我们真正"读进去了"，从这个角度看，我们的阅读收到了效果。但不能客观看待书籍和作者仍然会降低我们的阅读效率，因为我们把更多的能量耗费在了与自己赌气上。所以，我们要找到情绪的产生之源，主动克服：会不会是我们与作者的地域、年代和个人经历不同，导致了观点的出入？书中的观点当真毫无可取之处？是否因我们理解错误而对作者产生误解？

阅读时的"因事废人""因人废书"都应避免。负面情绪对于阅读会产生不利影响，所以必须从根本上克服，以便平心静气地在阅读中与作者对话。

避免"负罪感"

在日常生活和工作中，我们决定做某事却没有做，就会产生"负罪感"。但这种情绪是如何出现在阅读中的呢？

负罪感这种情绪非常微妙，不易察觉，甚至我们已经产生负罪感了，却还不自知。比如，我们制订了完美的阅读计划，可不但没能按时完成，甚至都没有开始实施；买回一本好书准备细致阅读，到头来它却成了案头的"杂物"。诸如此类情形就会让我们产生负罪感，随之而来的是灰心丧气和不同程度的心理压力。

负罪感产生得很微妙，消失得也一样微妙。立即行动是消除负罪感的最佳办法，不管我们之前制订了怎样的计划，现在——从此刻拿起书来，马上开始阅读，你的负罪感就会很快消失得无影无踪了。

放松心情，拒绝焦虑

焦虑这种负面情绪普遍存在于我们每个人的生活中，它会导致我们心神不宁、易躁易怒、坐卧不安。事实上，上述三种情况都属于焦虑情绪。这种情况未必产生于阅读中，它大多数是因生活中的种种压力而来，从而对我们阅读产生影响。

可以说，阅读是净化心灵的过程，所以我们绝不能让焦虑情绪掺杂其中。不妨在阅读之前多做几次深呼吸，暂时抛开烦心事和杂念，在短暂的阅读时间里享受独属于自己的这份静谧时光，整个人都沉浸在文字的流动中。有时候，放松自己的办法就是投入到一件自己感兴趣的事情之中。如果你真心喜欢阅读，就不会让外界环境干扰自己。一旦你能更快地进入"忘我"的状态，专注力、领悟力都会得到很大提升，阅读效率也自然会随之提升。

主观或客观因素常常会影响我们阅读的质和量，为了实现高质量速读，就必须消除一切不利因素。速读需要更优质的环境，这表现在阅读主体——我们个人首先不能被外界事物搅乱心神。有的人在乘坐公共交通工具时一样能够快速阅读，因而我们本身才是达成阅读目标的关键。调节自己的情绪，学会做自己的主人，才能成为名副其实的阅读高手。

第五章

追本溯源，举一反三——精读

　　速读是为了让我们快速把握一本书的框架和主要内容，而精读则是对主要内容的深度品读。在精读时，我们需要做到"心到、眼到、口到、手到、脑到"，反复咀嚼精华，并做到举一反三。

1. 精读就是讲要领、抓重点

　　如果把速读简单地定义为快速浏览，那么精读则是抓住重点，掌握要领。精读是众多阅读方法中的一种，它对于我们掌握阅读方法、提升阅读能力、理解文章内容和积累知识等有极大的帮助。在众多读书方法中，精读能够让我们真正地读懂、读透一本书。

　　通过速读，我们先抓住一本书的重点，它可能是几个小节，或者是某一大章。在精读时，我们不必逐字逐句阅读，不遗漏每一句话，阅读重点要放在最能体现作者意图的章节上，通过精读，就可以做到精准地把握一本书的内涵了。

　　北宋文学家、书画家苏轼在《又答王庠书》中介绍过自己独创的一种读书方法："但卑意欲少年为学者，每一书皆作数过尽之。书富如入海，百货皆有之，人之精力，不能兼收尽取，但得其所欲求者尔。故愿学者每次作一意求之，如欲求古今兴亡治乱、圣贤作用，但作此意求之，勿生余念。又别作一次，求事迹故实典章文物之类，亦如之。他皆仿此。此虽迂钝，而他日学成，八面受敌，与涉猎者不可同日而语也。"

　　这段话的大意是：书本的知识丰富、多元，书籍也多得如同一片海洋，囊括了各种学问，一个人的精力有限，是不可能一一读到的，只去掌握其中需要的那部分就可以。所以，求学的人每次都应当遵从一个目的和意图阅读，比如想了解、研究古今兴亡、治国之道、圣贤的作用，就要本着这个目的去读书，切勿产生别的想法，下次可以再读一次，研究人物经历、典故、法度、礼乐典籍等也要遵照这种方式。其他方面也要像这样做。这个办法虽然有些愚拙迟钝，不够精巧，但等日后学成，就能够应对各种各样的情况，不是那些广泛阅读，不善钻研的人可以相比的。

苏轼的这种读书法有一个名字，叫"八面受敌"。苏轼本人在读《汉书》时便采用了这一方法："吾尝读《汉书》矣，盖数过而始尽之。如治道、人物、官制、兵法、财货之类，每一过专求一事，不待数过，而事事精核矣。"

在阅读中，苏轼一次只解决一个问题。第一次阅读想解决"治世之道"，便通篇寻找治世的内容；第二次阅读关注的是"用兵之法"，阅读时留意的则都与军事相关；第三次阅读时，他想弄清楚人物与官制，所以便主攻政治方面。经过这样的阅读，苏轼对《汉书》可谓"知之甚详"了。

★★★★★★★★★★★★★★★★★★★★★★★★★★★★★★★★

清末学者李慈铭曾赞誉苏轼的"八面受敌"读书法："诚读书之良法也。"这种读书法是一种精读法，需要投入大量的时间和精力，专门适合啃内容庞杂、深奥的书籍。那些适合走马观花式阅读的书籍并不在此列。

《孙子兵法》中有"我专而敌分"的战术，意思是在作战中若八面受敌，最应当做的不是八面出击，而是集中优势兵力聚焦于一点，这样才能把有限的力量发挥到极致，也会扭转自己被八面包围的劣势。在阅读上，这种精读法能够避免让我们变成"无头苍蝇"，感觉每部分都重要，结果每部分都没能做到读深悟透。

我们在精读一本书时，还要注意最基本的识文解义，这一点和速读大不相同。一本书中的某些关键字词，往往会标示着一个段落，甚至一个篇章的主题，通篇的阐述都围绕这个关键字词展开。速读可以让我们掌握一本书的要旨，而精读则是对要旨的精细理解。

当然，这并不是要求我们"抠字眼"，只要做到将整句细化到短语或句子即可。在现代汉语中，短语类型分为主谓短语、偏正短语、动宾短语、动补短语、并列短语和介宾短语等。我们掌握了正确地使用这些短语的方法，并能判断一本陌生领域的题材是如何使用这些短语的，就能更快地抓住重点句式和段落，一边提升精读的基本技能，一边拓展自己的知识广度。

很多人对于阅读都有一种执念，觉得细细品读一本书才会读懂，尤其是碰到难懂的地方非"一步三回头"才行，读得非常慢，并持续回看之前的内容。过慢的阅读和回读是速读大忌，在精读上也是如此。这会让阅读的过程变得异常辛苦，且效率极低。关键点还在于，有时候已经读得很慢、很仔细了，却为什么还是读不懂？不禁对自己的智商产生怀疑。

慢读有它的优势，但更多存在于基础阅读阶段。当小孩子开始识字阅读时，他们必须逐字阅读，因为有太多不认识的字；我们读某些不熟悉领域的作品时也要放慢阅读速度。抛开这两种情况，慢读会让我们的思考变慢，从而打乱阅读节奏，影响阅读效果。

要想消除这种弊端，要采用"快读慢想"的方法，这也是精读的一个基本要求，或者说，这样做更有利于精读。

所谓"快读"，自然是快速阅读，在短时间内了解一本书的大意，不要理会自己是否对每一部分内容都读懂吃透，先读完再说。而后则是"慢想"，即针对快速阅读过程中难解的词语和句子、段落等，回过头深入思索，在脑海中细细咀嚼，这种将思考重点聚焦于特定难点上的方法与"快读"结合起来，会让我们的精读更有效果。

有时候，读完一本书的内容后我们会赫然发现，一个结论、一个故事，甚至一个方法、一句话就是全部精要，其余的内容都是为了论证和说明做的准备。所以"快读慢想"的意义也正在于此，我们只要筛掉多余的内容，最核心的部分就自然呈现在我们眼前了。

不管是实用类书籍、成长类书籍，抑或经典名著、童话故事，我们在阅读时都要思考"什么最重要"。对我们来说，抓住那些更重要的部分，就等于掌握了精读的窍门，透彻地理解了精华部分，也就抓住了本质。

2. 阅读过程中要有恰当的"标记"

值得使用精读法阅读的内容通常既难懂又重要，所以在阅读过程中要学会使用"标记"，为重点内容做记号，便于我们更好地理解和记忆。做"标记"的方法很简单，只要在自己认为重要的地方留下某些符号即可。此外，在阅读时，我们还要边读边想，并且要适时地把想法记录下来。每本书都有空白部分，我们在这些地方可以记录读到某些文字产生的想法。

阅读时的标记更注重"同步性"，无须读完一本书后才写下感受，那样可能无法回想起所有重要部分和细节。再则，阅读过程中的批注是精读不可或缺的组成部分，它不单单是为了感悟存在。遇到难懂的字词句，可以画出下划线，并引一条线在空白处写下自己的疑问；某些重点概念，也可以做特别的注释，等日后重读时翻开一看，就可以想起当时的阅读情景及自己的心理状态。

书中的内容一方面让我们获取新知，另一方面也会打开我们的新思路，在某个瞬间"灵光一现"时，就有必要在空白处留下一些记号。

当然，标记的方式并不局限于书的空白处，我们可以采取以下几种方法来做"标记"。

批注法

批注法是最常见、常用的标记方式。在阅读的时候，看到晦涩难懂或深受触动的地方，还有对于一节、一章，甚至全书起到提纲挈领作用的地方，都可以做出适当的标记。可以事先准备不同颜色的荧光笔和铅笔，荧光笔用来标记，铅笔则可以写下带给我们不同思考的文字，或是简单内心体会。我们在精读时，就好像与作者进行深入交谈，要学着一边学习、一边表达自己的观点。

批注法也适用于电子书阅读。不管是手机、平板电脑，还是专业的阅读器，大多都有相应的批注工具或符号标识，在阅读的过程中动动手指就能摘出最关键的部分，或保存或收藏，下次打开时也方便"拿来即读"。

卡片法

我们在阅读时尽量站在作者的角度，把书的内容按照章节划分成不同的信息区域，一次抽取其中的一块信息，提炼出关键字，并把它们记录在卡片上，接着用自己的逻辑重新构建这本书的"顺序"。也就是说，我们成了这本书的另一个作者，根据个人思路将书重新布局。卡片可以分颜色标记，不同颜色对应不同信息，如方法、原则、工具（实践）、案例等。通过这种区分，我们可以直观地看出一本书某个部分的重要内容。

录音法

这个方法需要花费一定的时间，但会取得不错的效果，尤其适合需要读上几遍的章节。在扫读一个章节后，再次回看时轻声读出来，就像

"讲"给某人听一样。我们常会有这样的感受，别人讲给你的事情，你很容易读取到重要信息，进行转述。录音法类似这种过程，只不过讲的对象是自己。

不管是上下班途中，还是一个人散步时，都可以播放录音听"自己讲给自己"，一旦有不明白的地方可以马上暂停，用随身携带的笔或手机直接记录下来，便于复盘。

书签法

这种方法很适合在阅读一本厚重或有难度的书籍时使用。可以准备三枚书签，分别代表通读、重读和标记三个方面。在通读部分结束时，把通读书签夹好，并开始重读；重读部分结束后，夹好重读书签；重读部分结束后，进行标记时，夹好标记书签。可以只用三枚书签，也可以用多枚"通读、重读和标记"书签。因为一本厚重书籍的通读、重读和标记部分可能会有重叠，借助简单的标签就可以有效区分，方便我们随时选取对应的阅读内容。

摘抄法

摘抄是一项很耗时费力的工作，不过却能帮助我们加深对书中重要部分的印象和记忆。摘抄需要直接将原文写下来，或许有人觉得直接总结摘抄段落的要点不就可以了吗？原则上行得通，但在实际操作中你会发现，总结要点太费脑了，不如直接抄原文更让人放松。另外，摘抄也是精读的重要方式，在摘抄时，我们很可能发现藏在文中原本不易被察觉的情感，这种发现对于我们了解作者是什么样的人更有现实意义。

剪报法

这是一种制作读书笔记的方式，方便我们重读，这种方法同样适用于精读。具体做法是：把与书相关的一切都尽可能搜集起来。比如，可以把一本书的腰封或信息卡片粘贴在读书笔记中，通常腰封上的文字多是对重点内容的提炼，让人一目了然。另外，在阅读同类书时遇到与前一本书重点内容重合的部分，不妨将书的书名等信息以及具体页码进行标记，再次阅读时，可以通过多渠道信息加深对一个主题的理解。

康奈尔笔记法

我们的大脑会处理各种各样的信息，但并不代表它没有"极限"。真正有价值、重要的信息不能单靠大脑记忆，应当用笔记的形式记录下来，形成自己的专属知识库，这样在日后翻阅时会马上读取有效信息，方便快捷。

康奈尔笔记法是一个不错的方法，它更像是一种"升级版"的标记，不单纯是对目标书籍做一般性文字批注或注解，而是更为系统化。一篇笔记页面被划分为三个区域：笔记部分，也叫"主栏"，大概占据整个页面的60%；左侧相邻的一栏叫"索引栏"，这部分主要是对右边内容的归纳和提炼；最下面一栏可以命名为"总结栏"。当然，版面大小并不是绝对固定的，可以根据内容做相应调整。

康奈尔笔记法也叫"5R"笔记法，是5个英文单词的缩写，对应如下。

Record，记录：包括核心要点、关键概念、反复提到的知识点等。

Reduce，简化：这部分"提要"主要写在左边的索引栏，相当于是"目录"。

Recite，记忆：我们可以根据左侧形成的"目录"背出右边的核心内容，然后用自己的话进行复述，这是对知识进行巩固的过程。

Reflect，思考：这是对知识的消化过程。我们把记录的要点进行串联，将自己的感悟写在下面的总结栏中。可以画图，也可以写下一段心得体会。

Review，复习：定期对这份笔记做复习，只需要花上几分钟的时间，就相当于重读了一遍，这是精读的重点步骤。可以根据索引栏的提示，回忆每一个知识点。

任何思想都不会完全独立于世界存在，知识之间也一样是相通的。针对这份笔记的每次重读，都会让我们把旧知识与新知识联系起来，以形成另一种新知识。在重读包括康奈尔笔记或者上述各种标记时，仍然可以把学到的新知识合理纳入其中，这样我们的知识链会得以延长，所掌握的知识也将更系统化。

每一种"标记"方法都可以针对不同的书来使用，也可以在阅读一本书时同时采用多种方法。

每本书中都有无数个开关，每个开关对于活化我们的思维都起到了不可小看的作用。为自己的目标书籍做出相应的"标记"，更方便我们精读时直抓重点，节省了时间，提升了效率。

 ## 3. 在结构上下功夫

精读不同于略读，精读是要通过反复对重点内容的研读和思考，一方面熟知并深入理解目标书籍的要点，一方面从中得到新的启迪。但这种反复阅读和思考并不是单纯地重复阅读，而是提炼书中知识后为己所用。要想达到这种效果，需要层层剖析、深入理解，对一本书，乃至每个章节做结构上的重新设计。

在设计阅读结构之前，首先要了解一本书的结构。

针对不同的书，也要有不同的阅读结构。比如名人传记，一般人重在阅读成功故事，而精读要求我们读出名人成功的原因和方法，延伸开来，还包括家族背景、成长经历等对于他成功的影响。精读是了解作者的过程，熟悉他如何布局每一章节，如何将重点内容容纳在行文之中等。

文章的结构多种多样，不管以何种方式呈现，都围绕着主题展开，所以我们必须先把握一本书的主题，才能系统地了解填充在框架中的内容。结构构成了各部分内容的内在联系，清楚了一篇文章或一本书的结构能让我们的阅读变得更顺畅。

元代陶宗仪的《南村辍耕录》中有："乔吉博学多能，以乐府称，尝云：'作乐府亦有法，曰凤头、猪肚、豹尾六字是也。'大致起要美丽，中要浩荡，结要响亮。尤贵在首尾贯穿，意思清新。苟能若是，斯可以言乐府矣。"这里的"凤头、猪肚、豹尾"六字便是一种文章结构。简单来说，"凤头"是指文章的开头引人入胜，如同凤头一样俊美；文章的中间部分，也就是主题内容要言之有物，好似猪肚般饱满充实；文章的结尾要别开生面，像豹尾那样潇洒雄劲。这也是典型的三段式文章结构，而一本书的结构在整体上也可以遵循这样的方式，但形式各样，常用的形式有总分式、并列式和对照式。当然，一本书的结构不一定只采取一种形式，也可以采取递进式或者多种形式并存。

总分式

这种结构多见于论说文、说明文和应用文等，它是分别论述与总结论述相结合的结构方式。这种形式重在条理、逻辑清晰，每部分的内容分布大体相当，分述与总述之间有明显的层次关系。具体来说，有先分后总、先总后分以及先总后分再总。

先分后总，是将要点和主题分成若干层次和部分，逐一论述，最后进行总结或归纳；先总后分正好相反，会先阐述中心思想，接着再分层次、部分阐述；先总后分再总，即常说的"总分总"，先提出主题，然后分别阐述，最后总结、拔高。

并列式

顾名思义，每一部分的阐述都是并列的，所以它也叫并列分论、排列论证。这种结构是围绕一个主题，从多个角度进行平行论述、分别论述。

对照式

这种结构法分为两种情况，一是表现在场面的对照上，二是散文的结构安排。场面对照包括"冷热场""文武场""悲喜场""逆顺场"，这种鲜明的对比会增强戏剧效果，可以达到戏剧性的讽刺效果。一般阅读这类文本时，当前面是喜剧风趣的描写时，后面很可能会悲痛到撕心裂肺。

散文的结构安排表现在通过真假、善恶、爱恨、好坏、美丑等对照，更鲜明地突出事物形象，并让行文表述中的褒贬情感更强烈。郭沫若的《杜鹃》一文，便凭借纯洁、至诚与专横、残忍的正反对照，凸显出了杜鹃的可恶可憎，随即点出主题：过去和现在都有无数的人面杜鹃被人哺育着。在阅读这类题材时，我们要把握好作者是如何谋篇布局的。

精读一本书好似织一张网，更像建起一栋房子。梁、板、柱等是建筑物的主要构件，一栋房子的空间在它们的纵横交错下形成了。一本书也是这样，它有自己的结构和布局，作为读者的我们，要找到哪根是它的梁，哪根是它的柱。掌握它的结构和布局，对于我们如何织就这张网显得意义非常。

掌握一本书的结构，对于我们接下来的阅读至关重要。写有写的结构，读也有读的结构。也就是说，不管一本书的结构如何，我们要遵从自己的阅读结构，这样才能更好地精读一本书。那么，阅读的结构是怎样的呢？

第一，提出问题

关于阅读之前的提问，我们在前文已经阐述过，但这里的提问更具体一些，包括：我们具备哪些相关知识才能更好地把握这本书；是否真的读懂了这本书，从中学到了哪些具体的知识；是否可以通过主题阅读和精读等获得更多未知的东西，还有哪些未知的东西需要长期探求，并由此建立思维模型；等等。

我们的问题可以是关于书籍本身的，也可以是关于因阅读带来的思考和感受的，这些都有助于形成我们的阅读思维结构。

第二，学会拆解

读完一本书并不代表我们真正地理解它的含义。通过对书中知识的解码，能够修正并拓展我们已掌握的知识，进一步丰富我们的知识系统，让我们不再肤浅地相信自己所掌握的有限知识。

在拆解一本书时，通常可以这样做。

（1）结论与过程同等重要。我们读完一本书，明白一个道理，这固然重要，但同样重要的是获取这个道理的过程。通过筛选、判断和概括，可以标记出关键词，然后找出逻辑对应关系，画出简单的结构图，并提炼主题。我们遵从的过程是：它在什么前提下，从哪些方面，说明了哪些问题。

（2）延伸与总结同等重要。在书中我们会看到现在，也会看到未来。总结眼前的自己，也是为了让自己有更好的未来，以及未来遇到眼下的情形时，我们是否掌握了解决之道。

（3）差异与相似同等重要。同一个观点在不同的书中会有相似的谈论，也会有差异性的讨论，我们在分解一本书时，为的并不是绝对认同一个而否定另一个。我们需要做的是整合，找出它们的异同点，从中有所体悟，这对于解开我们阅读中遇到的难题大有帮助。

第三，重在练习

"刷题"在一定程度上也是进一步巩固所学知识的重要手段之一。阅读上的"练习"就如刷题一样，当我们从书中学到了新知新解，就要反复记忆并实践，让它变成我们自己的东西。那么，如何练习呢？

（1）接受他人的评价。我们看过一本书，如果写了相关的文章或书评，就要接受他人或好或坏的评价，这种反馈会让我们意识到自己对书的理解正确与否，或许也会从他人的评价中产生"恍然大悟"之感。

（2）多场景练习。练习有很多种方式，比如写作。就像上面所说的那样，我们根据一本书写出来的文字代表着对书的理解和感悟，获得他人赞同的前提是我们的观点对他们有一定的说服力，这就要求我们必须有缜密的思考和逻辑，并充分地咀嚼了获得的新知。值得注意的是，写作不同于思维导图和读书笔记，它不允许照搬照抄。

比如游戏。看了一本股票类书籍，可以通过游戏来加深对书中知识的理解。

比如设计。我们掌握的知识多种多样，为了检验这些知识是否完全被我们内化，可以设计一个主题，然后着力调动一切自有资源解决特定问题，这可以更好地检验我们是否真的学会了、掌握了。

第四，善于整合

每个人的爱好不同，获取知识的渠道和方式也各不相同，所以知识类型也呈现多元化。为了让我们的知识更加系统，就有必要将单一成块的散装知识形成一个整体。具体做法如下。

（1）转移。有时候我们在不同的书中会看到相似的观点，此时不妨进行知识迁移，这有助于巩固同一类知识。

（2）找规律。我们可以利用金字塔原理来分析一本书，可能会发现很多书的结构相同，而后我们就可以针对同一类型的书采用同样的阅读方法。

（3）相互补充。这一点类似于主题阅读，是说针对同一个主题，我们可以找出多视角阐述，然后将阐述结论整合起来，这样更利于我们对这一主题的理解。

从掌握一本书的结构，到掌握阅读结构，意味着我们对于阅读一本书做了更充分的准备，这有利于我们在阅读空间里无拘无束，自由前行。

4. 完美精读：复述一本书

心理学家艾宾浩斯研究发现，我们人类的大脑对于新事物的遗忘是循序渐进的。遗忘总是发生在学习之后，但遗忘的过程并不均匀，起初遗忘速度会很快，之后逐渐变慢。在他看来，"保持与遗忘是时间的函数"。他采用无意义音节（即由一些音节字母组成，可以读出来，不过没有内容意义，它们不是词的音节）作为记忆材料，用节省法计算出了保持与遗忘的数量。根据他的实验结果绘制而成的描述遗忘进程的曲线，就是艾宾浩斯记忆遗忘曲线。

简单地说，经过一天的知识学习，倘若我们没有更快地进入复习状态，大脑里就只剩下存留知识的25%。从数据上看，刚刚记忆完毕时为100%，20分钟后会变成58.2%，1小时后变成44.2%，8~9个小时后变成35.8%，1天后变成33.7%，2天后变成27.8%，6天后变成25.4%，1个月后变成21.1%。由此可见，我们读完一本书，如果不采取相应的措施，那些花费的时间和精力就都变成了"沉没成本"。

是否有办法克服这种必然规律？曾有人做过试验，让两组学生学习同一篇文章，一组在学习后依照艾宾浩斯记忆规律复习，一天之后还能记住 98% 的所学内容，即使过了一周，还能保持 86%；另一组完全不复习，一天之后记忆率剩下 36%，一周之后仅剩 13%。也就是说，通过复习，我们能够让知识更加持久地保存在大脑中。那么，对于一本书，我们要采取什么样的复习方式？

阅读不同于学习一般的书本知识，影响记忆一本书的内容的因素多种多样。如果想检验一个读者是否真正地掌握了所阅读的内容，最佳办法就是复述。

复述，就是用自己的语言来表述看过的内容，这是巩固记忆的心理操作过程。经过对阅读一本书的结构练习，以及对一本书结构的掌握，我们更容易复述一本书的大体内容。但这并不是唯一的方法，每个读者都有自己的复述习惯。

一般来说，复述可以分为保持性复述和整合性复述两种形式。保持性复述可以称之为简单复述或机械复述，这种方式要求我们对短期记忆中的内容单纯地做重复、简单的心理操作，由此加深记忆，不过未必会形成长期记忆；整合性复述也叫精细复述，这种方式是深度加工和组织短期记忆中的内容，让它和我们大脑中已经存在的内容建立某种联系，由此会逐渐转向长期记忆。

针对复述的两大形式，我们又可以把复述分成三类——重复性复述、转述和演说式复述。

重复性复述

这种复述分为详细复述与摘要复述。详细复述，顾名思义，就是最好保持内容原貌，包括观点、情节和具体内容，并遵从作品的叙述顺序；摘要复述与之相反，不要求一字不漏地背诵，但一定得摘取作品中的主要观点、情节或内容，确保准确性、完整性，不许偷换概念、不能遗漏重点。

比如我们复述一个故事，时间、地点、人物，事件的起因、经过、结果这六要素是不能改变的，也是不可或缺的。当然，这种复述方式更适合初级阅读阶段，对于精读的帮助不大，因为它更多的是考验记忆，对思考方式并无多大益处。

转述

这是一种改变作品原本结构、顺序、角度以及表达方式的复述方式，与机械的重复大不相同，其中融入了更多的个人思考。如果一篇文章本身是第一人称，转述时一般会改为第三人称。另外，转述也起到"翻译"的效果。比如我们把一本书转述给别人，里面涉及的生涩难懂的词汇和概念，都要经由我们的事先准备转变成通俗易懂的语言，也就是把书面语转化成口语。这与教师类及教授型工作很像，要通过自己的准确理解，用简单的语言把复杂的概念和观点表达清楚。

转述也有概括性转述和改编性转述之分。概括性转述要求我们删去次要、解释性与修饰性内容，辅以恰当的抽象描述来组织和概括内容；改编性转述，则是在理解原意的基础上，适当改编和延伸，让"听众"更容易理解。

演说式复述

这种复述方式是对整体内容的全新演绎，不用被书籍本身的结构束缚，但在复述时要有一定的逻辑性，有足够清晰的条理，并有一定的鼓动性。这种复述方式技巧性较强，要求事先按照一定的逻辑编排好内容的先后，从而有理有据地逐一表达。

除了上述三类复述方式，还有一种"讲故事"式表达形式。这种方式与演说式有相似之处，但它更像是针对复述的一种训练。

既然是"讲故事"，就可以有许多发挥的空间，有的地方可以讲，有的地方可以省略；有的地方可以详说，有的地方也可以扩展，不管是改变语序、角度还是表达方式，对原本内容二次加工都由复述者说了算，这种再创作的过程中会融合我们对文本的个人理解，有助于真正精读、深读一本书。

在"讲故事"时要遵循以下几个规律。

第一，确定一个积极的主题，明确故事的主配角、其他必要人物和故事脉络；

第二，"故事"的情节发展要紧凑，引人入胜，为此要删掉和调整部分内容，必要时做些适当的填充，突出"故事性"；

第三，为"故事"设计一个扣人心弦的开头，以及一个回味无穷的结尾。

复述一本书，可以让我们既加深对内容的理解，又将知识系统化地转变成自己的知识，有助于精读、深读。

知识的特性表现在分享和传播上，我们阅读一本书获得知识，而"开口说"会让这种知识更快地印刻在我们的大脑中，这无疑会提升阅读效果。当一本书被我们轻而易举地"讲出来"时，也从侧面证明了我们对书中的知识烂熟于胸了。

此外，我们在复述时还要注意以下几个要点。

要点一：书面语转换成口语。

要点二：突出重点，抓住原作品的内涵与核心。

要点三：条理清晰，反映各部分内容内在联系的人、事、物等要分布合理。

要点四：注意遣词造句，避免"听众"误解。

要点五：合理融入个人想象。

复述是记忆、思考与表达有机结合的一种形式，它极具创造性，而这三个方面也对每一个复述者提出了要求。

记忆：没有好的记忆力，复述似乎就不成立了。在阅读时必须快速记住重要的词语、结构和大体内容，为接下来的复述做基础且必要的准备。

思考：复述是对书中内容的概述，绝不是背诵。带着思考复述，要求我们对阅读内容了然于胸，进行恰当的综合、概括和取舍。通过思考，我们会了解如何用最简单的方式复述最关键的内容。

表达：表达是结果，也是复述的展现。表达可以是口头表达，也可以是动笔写作。不管哪种方式，都必须围绕中心内容展开，精准且有逻辑地说出来或写出来。

输出倒逼输入，能够完美地复述一本书的内容，前提是我们真正地走进了书中，根据书的内容形成了自己的框架记忆。而精读，无疑是促使复述抓取要点的基础和关键，二者相辅相成。

5. 反复阅读，才能品出滋味

有人说，一本书只有反复地读，才能慢慢地咂摸出其中的苦辣酸甜，才能体会其中的喜怒哀乐。

我们在看电影时常会有这样的感受：整部电影，或者其中的某一个段落，值得我们反复回看。这是因为电影是生活的缩影和升华，那么能够触动我们的片段，总是值得我们反复回味。一部电影如此，一本书亦然。

很多经典作品内容丰富，意义不俗，值得我们精读，更值得反复阅读。精读也是一种重读，二者其实没有明显的区分界限。一本好书中的精华部分，我们摘录下来反复阅读，这本身就是一种重读。而一部值得一再阅读的好书，更能让我们通过不断精读一次次获得新的体会。

众所周知，牛羊畜类有一种"反刍"的习性，它们与长着獠牙的猛兽截然不同，吃东西大多不会狼吞虎咽，而是慢慢咀嚼。吃一口草，在嘴里不住地嚼着，似乎直到品尽了青草的香味才满意地吞下肚。而后，通过反刍，它们还会将咽下去的草料倒回嘴里再次咀嚼。抛开这种生理习性，以此来比喻阅读再恰当不过。

读完一本书，放在书架上，一个星期或一个月后再次拿起来阅读，这个过程并不等于又读了一次，而相当于以全新的视角看了一本"陌生"的书。第一次阅读后对文中内容的理解与再次阅读全然不同，虽然里面的内容，包括情节、人物心理、对话等早就印刻在我们的脑海中，可再次品味时，我们应该品出了新滋味，吸取了另一种精华。

反复阅读是精读一本书最重要、最常见的一种方式，也是精读的重要方法。反复阅读，是"阅读—实践—反思—阅读—再实践"的过程，这样才能领悟深意、掌握方法、提升技能。苏轼说："旧书不厌百回读，熟读深思子自知。"好书之所以好，之所以被收藏，正是因为有反复阅读的必要。

值得注意的是，反复阅读并不是机械地从头至尾逐字逐句地再看一遍，更不是毫无目的的重读，也不是强迫性的阅读，而是带有强烈的动机与目的，遵从一定顺序、做到详略得当地精读。

生活中的我们往往受制于时间和精力的有限很难做到反复阅读，同时个人主观上的排斥因素也起到了决定性作用，所以，有必要克服对反复阅读造成障碍的心理。

第一，读过的书没必要再读

喜新厌旧是人类的共性心理，在阅读上也同样会明显地表现出来。

对于一本已经读过的书，觉得没有再读的必要，一般是备考方面的书籍。这类书籍因个人需求而一再被需要，是一种需求之下的"不得不"选项。如果换作其他类型的书，弃之不读也许不会有什么实质性影响，但这类书对我们会产生直接影响，所以我们要从心理上去努力改善这种局面。

过了"不得不阅读"的心理关口后，就可以从阅读方法的创新上入手。比如我们只选取重点进行反复阅读，直接筛选出必要的部分。单独阅读一个或几个章节，对心理造成的压力与整体阅读相比明显更小，而且我们也明白阅读之后会带来的直接收益，这样一来，阅读范围变窄了，注意力也会更聚焦，也更容易进行深入阅读，获得新体会的可能性也更大。

再则，筛选出重点章节后可以进行重新架构，虽然是反复阅读一本"旧书"，但这部分旧知识与自己的认知结合起来后便能变成一块独立的新知识，我们由此会更大限度地调动主观能动性，思维也不再僵化，从而由被动转为主动，形成了新的阅读兴趣。

另一个应注意的要点是：在反复阅读前搞清楚什么是重点，知道自己反复阅读的意义在哪儿，不然吃不透内容，反复阅读变成了重新阅读，读过之后仍然不明就里，反复阅读就会失去价值。简单地说，反复阅读的重点不是因为不懂，而是为了完全理解、掌握且觉得重要。

第二，认为已经完全吃透了内容

读完一本书，我们总是信心十足地觉得自己可以掌握其中的大部分内容，可这通常是一种错觉，一旦形成习惯，对于我们反复阅读只有百害而无一利。

不管是盲目自信也好，的确吃透了内容也罢，实践是检验真理的唯一标准。我们可以通过一些方法进行验证和检测。比如进行复述，或不借助任何外力的前提下制作思维导图等，这些方法可以让我们清楚地知道是否真的记住了书中的重要内容。倘若的确记住了重点，也要进一步验证，例如借助书中的方法解决某些现实问题。如果发现自己并不能有效运用或运用不当，就证明我们有必要反复阅读。

另外，有些读者虽然已经对书的内容了然于胸，可还是会主动反复阅读，这与上面的那种过于自信的心理状态恰好相反——不够自信。想解决这个问题，验证仍然是唯一奏效的办法。再则，还有的读者非常了解自己对一本书的掌握情况，明明吃得不够透，却下意识地自欺欺人，主观上认为自己掌握的程度符合对一本书的预期认知程度，这种情况下，反复阅读也显得非常必要。但要避免一种特殊情形，读者反复阅读不是为了获取新知，而是一味地刻意延迟掌握某本书后的满足感，所以一再地"巩固练习"，此时应当停止反复阅读。这就像一名初中生很熟练地掌握了二元一次方程的解法，但仍然大量刷题，只是不想太快进入一元二次方程这种更有难度的学习阶段一样。有效的办法是转移视线，消除这种"原地踏步"式的阅读心理。

第三，不读完也没什么影响

我们都知道半途而废意味着什么，它表明一件事我们开了头却不懂得坚持下去，这自然会对我们的心理造成不利影响。在阅读上，半途而废对我们的正常思维和心理会产生负面影响，要尽力避免出现这种情况。

我们可以有选择性地阅读，却最好不要在开始阅读后半途而废。当一件事有头无尾，它会一直悬在我们心头，得不到"完结"的指令就必然始终占据着大脑的运行空间。这时，终结它的最好办法就是把阅读完成。

反复阅读更是如此。在阅读之前要有明确的目标，之后按步骤开始阅读，并在阅读之后确认自己是否达成目标。

为了避免这心理状态，在反复阅读时除了紧抓重点内容外，还可以采取逆读的方法。逆读有两种方式，一个是纵横颠倒方式，也就是从另一个方向来理解全书内容，以在大脑中形成立体记忆；一个是前后颠倒方式，也就是从结果倒推原因，"逆向阅读"，这样会形成自己独有的思维模式，成为书的新主人。

虽然逆读与正常阅读方式不同，但绝不能随心所欲，毫无章法地胡乱阅读，而必须遵从一定的关联性和逻辑性，从而构建阅读新秩序。

 ## 6. 带着疑问去阅读

明代哲学家、教育家陈献章说："前辈谓学者有疑，小疑则小进，大疑则大进。疑者，觉悟之机也。一番觉悟，一番长进。"这句话告诉我们，做学问必须要有质疑精神，敢于、善于打破陈规，拥抱新思想。英国学者贝尔纳也说："构成我们学习最大障碍的是已知的东西，而不是未知的东西。"可见，固有观念和经验会帮助我们避开一些陷阱，但它同时也会成为我们获得新知新见路上的障碍。在阅读上也是如此。

精读一本书，不只是为了研究透书中的观点、理论，是要通过作者传递出的知识派生出自己的看法和思想，这样既能发现前人的长处与不足，又能进一步完善自己的知识系统。我们能够产生疑问，意味着我们在阅读中有了独立的思考。

在精读中，"这本书与我有什么关系""这本书讲的是什么，有什么用"一类的问题是必须思考的，正所谓"无疑不读书"，没有质疑精神就没有阅读的必要，阅读也会失去意义。反过来说，阅读过后，我们可以问自己是否通过阅读解开了最初的疑惑。

拥有质疑思维至关重要，它意味着一个人能够对已有观点提出疑问，不盲目迷信过往经验，会借助比较、挑剔、批判等手段对"想什么、怎么想、做什么、怎么做"进行恰当的判断。质疑思维讲求"不疑不决、不破不立"。

★★★★☆★★★★★★★★★★★★★★★★★★★★★

著名语言文字学家黎锦熙在湖南办报时有三个抄写员。第一个抄写员不善言辞，工作上勤勤恳恳，本分地做着自己的工作，碰到错字、别字也原封不动地抄写下来，后来他一直默默无闻；第二个抄写员非常认真，每份稿子都会仔细检查后再抄写。看到错别字或病句时也会直接改正。后来，他写了一首歌，经聂耳谱曲后命名为《义勇军进行曲》，这个抄写员就是田汉；第三个抄写员不同于常人，他不但仔细检查每一份文稿，还会积极动脑思考，反复推敲，而且只抄写意见和观点无误的文稿，其他错漏百出的部分都被他直接扔掉了。后来，在他的带领下，中华人民共和国得以成立，他就是毛泽东。

★★★★☆★★★★★★★★★★★★★★★★★★★★★★

质疑思维是创造的基础，也是很多新事物、新概念产生的源头。遗憾的是，很多读者受制于文化水平、实践经验等因素，在阅读中表现得过于盲从，这一点尤其不利于精读。一个没有质疑思维的阅读者，他所谓精读也不过是机械地、重复性地"背重点"，因而获得的都是"死知识"，不够灵活，也很难与自己掌握的知识融会贯通。

一般来说，疑问分为三类：是什么？怎么办？为什么？从疑问中获得的阅读结果便是：获得知识了吗？掌握方法了吗？懂得原理了吗？这三类疑问在阅读中往往同时存在，所以在阅读之前就要有效区分开来，以免混淆。

此外，提出的疑问要透过现象直达本质，太浅显的问题与精读的理念不相符，只会让阅读停留在表层。通常在第一遍阅读时可能会产生很多疑问，我们要把它们归好类别，第二次阅读时一一寻求答案。总而言之，在阅读前必须把自己的疑问逐一整理，带着这些问题走进书中，随读随解，并随时提出新问题，让读与思有效结合，阅读就变"活"了。

需要注意的是，要有技巧地提出疑问，不合理、没意义的质疑只会阻碍阅读。首先，我们提出的疑问要"浅显"。这并不是要我们提出简单，甚至肤浅的问题，如果想得到的答案过于简单，我们就没有质疑的必要了。在提问时，我们的问题本身应当足够清晰明了、通俗易懂，无须涵盖过多信息，尤其是歧义性信息。

其次，提出的疑问要"直接"。质疑不能云里雾里，让人摸不着头脑，要一针见血，指向关键部分。

最后，提出的问题要"重要"。疑问本身就代表着对内容的理解，所以在精读之前，我们有必要进行略读，而后提出针对书中主旨的重要问题，切忌提出的疑问无关痛痒，甚至自相矛盾。

事实上，我们带着疑问精读一本书，既是解决问题的过程，也是产生新的疑问的过程。"读书必有疑"，带着疑问阅读是不可能消除所有疑惑的，反而会在这种主动阅读中对书的内容越发怀疑，这也正是"尽信书则不如无书"的奥义之所在。那这是否意味着即便我们"读薄"了书，还是无法将所有疑惑都解开？

保持质疑是阅读的基本态度，但随着阅读的深入，加上对书中内容的实践，我们初期的疑问会被解开，而产生的新疑问则是一种升级，是超越书籍本身的。这代表着我们对一本书的怀疑已经完结，新的疑问需要新的载体来承托、新的书籍来解答。

阅读一本书，经历的"标准"过程应当是：疑问—解答—验证—再疑问—再解答—再验证。在不断提出疑问和解答问题的过程中，我们就完成了对一本书的精读，而且这一阅读过程呈螺旋状上升，且整体呈金字塔形态。简单地说，初始阶段疑问多，随着阅读进程的推进，疑问越来越少，这表明我们解开了更多疑惑，也有了更多收获。

宋代理学家朱熹说："读书无疑者须教有疑，有疑者却要无疑，到这里方是长进。"阅读时没有疑问，表示根本没有读懂一本书；等有疑问的读者在阅读中变得无疑了，就证明他们带着问题进行了独立、深入的思考。

当然，我们"疑书"的同时也要"疑己"，换句话说，也不能盲目相信自己的判断，主观上带着质疑的态度阅读一本书的行为没错，但笃信自己的思维方式更优于书的作者，甚至将不符合自己阅读意愿的内容全部屏蔽，一律质疑到底，将反驳作者思维和意图也当成正常提疑过程，就会进入阅读死胡同，这样我们就会发现大部分书都不合心意，也违背了"无疑不读书"的初衷。

为了避免任何形式的盲目，可以将"读书四问"稍加变更后套用在提疑上：第一问，本书体现出作者怎样的思维方式；第二问，这种思维方式具体表现形式是什么；第三问，这种思维方式有怎样的优缺点；第四问，它与我有怎样的关系。通过这样的"四问"，我们在精读一本书时就能直抓要领，并迅速建立自己的思考模型，既能获得知识，又能获得知识以外的感悟。

第六章

重读中的"读"与"写"

  重读可以理解为二次或二次以上的阅读，它是对主要知识的"复盘"，在这个过程中，我们不但要读，更要善于"写"，包括读书笔记、书评等，这会让我们更牢固地掌握并应用书中的知识。

1. 重读会让你看得更深、记得更牢

《论语·为政》中说："温故而知新，可以为师矣。"这道出了"重读"的重要性。我们现在已经知道，速读是为了快速掌握一本书的要旨，精读是为了更深入理解要旨，并以此建立自己的思维模型，而重读则是让知识进一步系统化、条理化的过程。

对于大部分读者来说，知识是一个积累的过程，我们很难达到对书本中的知识一次就能完全吃透、掌握，因而巩固知识就显得十分必要。重读便是让我们更扎实地掌握知识，是让我们看得更深、记得更牢的有效手段。

在学生时代我们大多有这样的经历：无论是数理化学科，还是文史哲学科，考试前认真审题是老师一再强调并督促的。我们在各种考试中也深深地体会到，不认真仔细地审题，通常会漏掉其中的关键信息，而且很多题目本身就隐藏着答案。我们只有一遍遍审题，真正读懂了题意，在解答时才更游刃有余。

阅读一本书也是这样。初读之下是一种体会，重读之后则另有一番滋味上心头。阅读目的不同，针对的目标书籍不同，重读的形式也自然不同。一般来说，有三种重读形式。

第一种：全面重读

这种形式适合一些难度大、内容难懂的书，具体读法是把已经读过的书从头至尾再读一遍。从某个层面来看，这是一种"笨方法"，却对我们更牢固地掌握难度大的知识作用明显。另外某些看了一遍之后印象模糊，甚至根本没有读懂的书，通过全面重读也会收到明显效果。

不管是古代还是现今，很多历史爱好者都会一再地重读《史记》《汉书》《资治通鉴》等佳作，甚至会从头到尾，一字不落地抄写下来。这种重读过程需要投入的时间和精力更多，但收获也很明显。一方面，能够巩固加深记忆；另一方面，逐字抄写不会遗漏内容。这份细致认真会提升对巨作本身的深入理解。

当然，我们仍要将全面重读过于耗时看作一个明显的弊端，偶尔还会因为面面俱到而忽略重点。假如我们对目标书籍的大致内容比较了解，是完全没必要采用这种重读形式的。

第二种：重点重读

当我们不必逐字逐句重读一本书时，就可以采用这种重读形式。众所周知，任何书的每一篇章或小节都有其重点内容，如果针对这些重点部分重读，无疑是抓住了书籍的核心要义。这要求我们在第一遍阅读时准确把握整本书的重点，了解内涵，当然，这可能只通过一遍阅读未必就能做到，所以找重点本身就是重读的过程。从这方面来看，全面重读相当于撒下一张大网，打捞出的"鱼虾"便是重点，但这块范围固定的水域中有多少"鱼虾"尚不可知，所以全面重读要与重点重读相结合，二者互为补充。

第三种：倒转重读

一位大学教授曾说："读书不妨倒读。"我们常规的阅读方式都是从头到尾，按顺序阅读，而倒读则是打破常规，不遵循正常的阅读顺序，采用与之相反的阅读结构来重新"解构"一本书。

我们在按照正常阅读顺序读完一本书后，第二遍阅读就可以从最后一部分入手，此时我们因为熟悉书的内容，所以可以"追本溯源"，以结果倒逼原因，从而达到深入理解一个或多个问题的效果。顺读与倒读两种方式交替使用，有助于提升阅读效率、扩大阅读成果。

倒转重读与上文提到的"逆读"相似，都是要求不遵循常规的阅读顺序，但要注意，不遵从书的书写顺序不代表毫无内在逻辑和联系地胡乱阅读，比如随意抓取一段重点内容阅读，这是不可取的。

归根结底，我们从书本上获得知识的目的不是记忆，而是彻底消化吸收这些知识，把它们转化成自己的智慧，并能灵活运用。这个过程并不简单，需要经由多次重读才能真正掌握，我们也能从这个过程中切实体会到效果。

温故知新、熟能生巧的道理我们早已烂熟于胸，一本书读过一遍只会了解表面意思，多读几遍则能掌握其中的要义。只有不断复习旧知识，才能更好地学习、理解新知识。重读就是对一本书传递出的知识的复习。

现在，我们已经掌握了重读的三种形式，那么在具体的重读过程中，有哪些注意事项呢？

第一，重读要及时

如果一本读过的书放置太久，因未及时重读而没有什么印象，再次拿起时如同面对一本新书一样，这时的重读几乎收不到太大的效果，甚至于算不上重读。重读也是有"时效性"的，起码要在我们并没有完全忘记书的内容，或应该在记得大部分内容之前开始。这很容易理解，我们知道做什么事情都要"趁热打铁"，重读更是如此。在我们脑海中还留有印象之前就要进行重读，这时的温故才有必要，才能收到效果。

第二，掌握必要的记忆法

有效的记忆法会让我们的重读事半功倍。一个读者即便再勤奋，如果不懂得科学的记忆法，全凭死记硬背，恐怕也不会收到很好的重读效果，反而会产生更多的"沉没成本"。所以，掌握必要的记忆法势在必行。

（1）压缩饼干记忆法

"压缩"即减缩、简化，要求我们在记忆时挑一些关键性词语，学会综合概括，由此在大脑中形成单个或单组信息符号，这样便于我们记忆，也会有更好的记忆效果。这种记忆法与制作压缩饼干的方式很像，所以以此命名。通过简化和提炼，我们对知识会有更深、更透的理解。

（2）多通道记忆法

每个人的记忆方式不同，但有一点或许相同：我们都有专属的记忆方式。一个人习惯于某种记忆方式，也许一生都不会改变。比如，有的人边读边记，有的人默记，有的人通过抄写记忆，等等。这些方式没有对错，不过却未必是记忆效果最好的方式。这些记忆法都属于"单通道运行"，也就是外界信息通过一个通道进入我们的大脑。所以，为了增强记忆效果，促使我们在重读时看得更快、记得更牢，有必要学会"多通道记忆法"，也就是将眼、口、心、手、耳并用，并侧重于听、说、读、写的结合，这样会极大地提升记忆效果。

（3）吃甘蔗记忆法

甘蔗是一段段的，所以吃甘蔗记忆法着重于将目标内容分成若干"段"，一大段中也可以再分出若干小段，这样一来，就能将整体局部化，实现化整为零，化大为小。当目标变得触手可及时，我们也更容易坚持下去，这也是符合记忆规律的好办法，同时会取得更好的效果。

★☆★☆★☆★☆★☆★☆★☆★☆★☆★☆★

一名办公室文员很喜欢阅读，也善于在阅读中采取适合的记忆法。碰到喜欢的书，她会读上好几遍，通常她会先通读一遍，接着重读时会根据自己制作的读书笔记采用目录记忆法或闭目回想法。

其中的目录记忆法是先背目录大纲，再背拟好的小标题，而非直接背诵内容，这样就可以在脑海中形成一个清晰的框架。借由这个框架，也就了解了各部分内容之间的联系，从而对整本书会有整体性的把握。

而闭目回想法则是合上书、闭上眼，回想书中的页面，然后试着根据记忆填充具体内容。发现一个回想的部分过于模糊时，马上翻开书查找，将这一记忆盲点填补上，而后继续回想下面的内容。通过这两种记忆法，这名文员对所有阅读过的书做到了心知肚明。

★☆★☆★☆★☆★☆★☆★☆★☆★☆★☆★☆★

这名文员所使用的两种记忆法也常在重读时运用，结合另外三种记忆法，我们可以让自己的记忆方式更加多样化。

第三，消除干扰

重读时发生前后材料彼此影响、干扰的情况并不少见，尤其当两种学习材料或两本书同属一个主题时，彼此产生的干扰就会越明显。研究表明，这种相似度在50%左右时产生的干扰最大。所以，重读时尽量避免第二本书与第一本书过于相似，可以将这类书间隔重读，就会达到预期效果了。

我们的目的在于通过重读强化记忆，将知识内化，找到适合自己的方法，做到高效阅读，所以不管形式如何变换，都要服务于一个宗旨，这一点要格外注意。

 ## 2. 让读书笔记成为知识"札记"

著名作家、文学翻译家杨绛在《钱钟书手稿集》的序文中写道："许多人说，钱钟书记忆力特强，过目不忘。他本人却并不以为自己有那么'神'。他只是好读书，肯下功夫，不仅读，还做笔记；不仅读一遍两遍，还会读三遍四遍，笔记上不断地添补。所以他读的书虽然很多，也不易遗忘。"这段话道出了钱钟书的读书方法，即写读书笔记。

读书笔记是有效重读的关键一环，它能够让我们掌握的知识形成无限延伸的链条，在链条的两侧又可以派生出更多细小链条。一方面，通过添枝加叶丰富这些链条；另一方面，这些链条上的知识之间彼此糅合，最终形成更粗壮的主链条，也就使得我们由了解开始向精通一门知识转变。当然，这整个过程都离不开重读。

钱钟书是著名作家、学者，他不但可以流利地背诵出名家大作《牡丹亭》，还可以一字不差地背出宋元时代并不算有名的诗人的作品。他真的"过目不忘"吗？

★★☆★★☆★★☆★☆★☆★☆★☆★☆★☆★☆★

钱钟书在清华大学就读时，几乎看遍了图书馆中的书籍。一次，一名同学想要些生僻的资料，一时间忘了哪本书中有，便询问钱钟书。钱钟书不但告诉了他这本书在书架上的位置，甚至把材料的具体页码也说出来了。有人觉得钱钟书天赋异禀，但他本人却不这么认为，他认为自己只是更擅长下苦功、下笨功。他的苦功、笨功便是做读书笔记。

每次遇到好书，他都会读上几遍，并做笔记，直到真正理解书的要义。他一生所做的读书笔记大概有 2100 万字，相当于 100 本书的体量。他将阅读分成了三个等级：一是眼读，属于初级阅读，相当于用相机复制内容一般；二是心读，属于中级阅读，也就是在识记基础上理解作者要表达的含义；三是神读，属于高级阅读，也就是抓住核心要点，并辅以独立思考，从而形成自己的观点，自成一派。

在这种阅读方法的基础上，他的读书笔记也别具一格。他会把书中的精彩或重点内容用铅笔画上竖线，有了这种记号，重读时就能快速抓住重点内容进行精细阅读了。不过这种在书上做记号法在他去牛津大学图书馆读书时就"不奏效"了，因为那里的书不外借，且只能带笔记本和铅笔，借阅的书上也不能有任何痕迹，所以他只能边读边记。

做笔记需要花费很多时间，他做一遍笔记的时间基本和读一本书的用时差不多。加上他和夫人杨绛多年来居无定所，也不能藏书，所以有书会抓紧时间读，读完便做笔记。因此他家中存留的只有笔记，却没有太多藏书。

他的另一种笔记是"日札"，多是他的读书心得。不管是历代名著，还是通俗小说等，他都会相互参考印证，融会贯通，由此得到的"心得"会慢慢形成文章，成为作品。

此外，他还会因灵感所至做些随手摘录。比如他的笔记中有意大利文摘抄的歌剧《唐璜》。而且他笔记中所做的一些简单注释都是兴之所至，偶尔的突发奇想都会为他的读书笔记增添一抹光艳的色彩。

★☆★☆★☆★☆★☆★☆★☆★☆★☆★☆★☆★☆★★

阅读使人明智、明理，读书笔记对于重读的意义不言而喻。我们渴望从阅读中有所学、有所悟、有所得，所以读书笔记更像是我们再次走进"知识森林"的指路标，为我们指引方向，让我们如愿抵达知识的殿堂。

名人的读书笔记制作方法未必适合我们，而且读书笔记的类型多种多样，我们不必拘泥于一种格式，可以灵活运用并结合自己的习惯来写读书笔记。大体上，读书笔记可以分为以下几种。

摘录式读书笔记

这种方式要求我们把书上的精辟佳句和富有哲理的句子，以及能够启迪我们的内容摘抄下来。这是一种较为简单的读书笔记制作方法，省时省力，在抄录的过程中可以进一步加深理解和记忆，重读时也能翻开即用，一眼看到之前所读的一本书的重点，但要注意以下几点。

第一，选择性摘录。少而精是摘录的原则，那些普通且为我们所熟知的内容不必摘录，难懂的要点才是摘录对象。

第二，忠于原文。某段话对我们的启发很大，在摘录时发现某个词句用得并不理想，便替换成另一些词句，这是必须杜绝的。摘录重在"原汁原味"，甚至标点符号都不能改变，否则就失去了摘录的意义。

第三，标注出处。书名、作者、出版信息是摘录的关键性索引信息，同一个书名不同内容的情况比比皆是，清晰的标注有助于我们在重读时锁定目标。

符号式读书笔记

符号包括直线、曲线、括号、三角、问号等，这种符号可以直接在目标书籍上使用。书中出现的重要词汇、段落和让我们产生疑问的地方等，都可以通过符号标记出来。还可以在书的留白处写心得，以及对疑问的解答等。在用这种方式做读书笔记时，也要有几个注意事项。

第一，目标图书必须是自己的，从图书馆借阅的书或借来的书不应随意涂画。

第二，每种符号代表的意义要明确、固定。比如在第一章用波浪线代表重要内容，在第二章就不能用它表示精彩句式，以免在重读时一头雾水，弄不清对应的标记和意义。

第三，恰当使用各类符号，不能每页都是各种圈圈点点的标记，整本书都成了"重点"，这样就等于没有重点，符号标记与否毫无意义。

第四，清晰整齐。如果重读一本书时，翻开之后看到的符号标记混乱不清，连原文都被遮住，不但影响阅读，也不利于有效抓取重点。

剪贴式读书笔记

这种读书笔记制作的前提也要求目标书籍属于个人，因为涉及裁剪，就像做剪报一样，通过这种方式制作的读书笔记内容更加博而专，在一个主题下会分配多种关联内容，方便我们在重读时发散思考。在制作时有以下几个注意事项。

第一，针对不同的内容进行分类。可以事先针对不同主题准备不同的笔记本，或在一个本子里分出不同的主题区域，比如历史类、心理类、科普类等。

第二，剪贴下的内容标注好时间和出处等基础信息。

第三，简短的剪贴笔记可以直接当作读书卡片，放在对应的书页中。

感悟式读书笔记

感悟，即读完一本书后的个人感受、想法、体会，以及因此而来的启迪与收获等。这种读书笔记重在将读者的体悟表达出来，主观性更强，有助于提升阅读主动性。

我们的感悟可以是因全书而来，也可以是因书中的一部分内容，甚至一个观点、一句话而来，这些感悟可以是赞同的，也可以是批判的，有点类似于读后感。在写下感悟时常用自己的语言，几乎很少引用原文。需要注意的是，虽然侧重于个人感悟，也应立足于目标书籍本身，切勿以偏概全，胡乱发牢骚，即便通篇驳斥作者观点，也要有理有据，不然只是纯粹的个人思想，再重读时我们很难看到原书的影子，也就无法真正借助他人的观点获得成长。

评注式读书笔记

这种读书笔记与感悟式读书笔记有些相似，都侧重于把个人感受和观点记录下来，有所不同的是，这种读书笔记更加依赖原书的内容，自己的观点和感受都基于书的内容展开，不是单纯的感悟。

常用的评注方式有书头评注、夹注、评注，以及补充原文等。书头评注和夹注多同时存在，可以将注释内容直接写在书的留白处，或是在重点内容处夹纸条、贴便签，批注的随意性更强，无须遵从固定模式，阅读过程中有疑问及画重点需要时随时加上注释；评注是读完一本书后，从宏观上评价一本书，或者对书中某一难点进行注释，类似书评；补充原文则是对书中观点和自己觉得不足之处的进一步延伸，它需要我们查阅更多相关资料，围绕主题做拓展。

综合式读书笔记

顾名思义，就是将上述读书笔记的制作方法结合起来，在自己的读书笔记中既有原文，又有感想、批注和剪报等，这样就等于形成了一"本"笔记手册，它可以永久保存，且值得一再重读。这种读书笔记的实用性更强，虽然制作过程耗时费力，但投入其中的时间和精力都会得到相应的回馈。

读书笔记能够有效梳理庞杂的知识，且更利于重读，如果你还没有制作读书笔记的习惯，不妨马上动起手来，因为它是可以将书中的内容更快"内化"的绝佳办法。

3. 重读＝重组——让你的知识活起来

我们的成长经历告诉我们，想要真正掌握某些知识，只学一遍是绝不可能的。知识与技能都需要在一次次的锤炼中才会变得牢固、扎实，最终为我们所拥有。重读我们的读书笔记，就是从"0"到"1"的过程。

在重读的过程中，我们每次产生的一个新想法，或需要在笔记中增加一个新评论，都是加深理解、拓宽视野的好时机。但重读读书笔记时若不带着目的，恐怕很难集中精力，也做不到坚持重读。

在重读读书笔记时不妨首先选择一个固定的地点或时间。

先说时间。吃饭后、睡觉前或洗澡后都是重读的好机会，这个时间大多集中在晚上7点到9点左右，虽然这个时间段也常是做一些家务或陪伴孩子的时间，但只要能腾出固定的短暂时间，也一定能有不错的效果。因为我们需要的不是阅读一本书，而是重读已经筛选出重点的读书笔记。甚至于，只要花上几分钟的时间，就能把一本书的笔记全部看完，并回想起当时阅读的场景和感受。

再说地点。除了家里，"动"起来的时候也一样可以重读。这里"动"包含两方面：一方面是上下班的途中乘坐公共交通工具时，拿出读书笔记简单看看，说不定就会冒出新的想法，产生新的思考，不经意间产生的念头往往更具能量；另一方面是在出差途中乘坐火车、飞机时，放下手机、平板电脑，掏出自己的读书笔记翻看，在这段静谧的空间和时间内，你也一定会有不同的收获。

重读等于是把知识重新组合，它会让我们掌握的知识活起来。当我们定期翻看读书笔记时，甚至会惊讶于当初阅读时居然会产生"那样"或"这样"的奇思妙想。等时间稍微再长一些，再次重读同一本书的读书笔记时，或许又会有不一样的认知和惊喜。

需要注意的是，决定重读和开始重读是两回事。如果我们不能马上行动起来，就必须强迫自己确定重读时间，可以是两天一次，也可以是一周两次。制订好计划，就必须严格执行，重读也必须养成习惯，避免时间过长，再看读书笔记时只有"原来我读过这本书"的印象，而并不晓得所读的书讲的是什么。这种情况通常在阅读量足够大，且重读的间隔时间过长的前提下发生。

当然，如果不想给自己太多心理压力——事实上，心理压力过重会对重读读书笔记产生抵触情绪——也可以不用规定时间和频次，不妨告诉自己在一本读书笔记完成之后再重读。而且在完成一本读书笔记后，可以把重要的内容转抄到新的笔记本上。不管是重读还是转抄，首推的还是人流少、环境清幽的场所，这不但可以提高重读效率，也会让我们的读和写不流于形式。

另外，不要小看一本精美的笔记本和在笔记本里粘贴让自己赏心悦目的纪念品所带来的积极效应，不管是好用的笔，还是能够取悦自己的笔记本，都会让我们更乐于打开读书笔记，这些细枝末节往往决定了重读时的心理状态。

在我们的读书笔记里，也常有直接摘抄下来的原文段落，一段时间后翻开重读时，就算带着些慵懒的心理，也可能发现过去一知半解的段落现在却能一眼看明白了。这是重读带来的奇妙体验，经由时间的积淀，过去的它们已经为今天我们的思想增添了一抹亮丽的色彩。

★☆★☆★☆★★☆★☆★☆★☆★☆★☆★☆★☆★☆★

一名老师在读完捷克作家卡雷尔·恰佩克的《各种各样的人》一书后，写了相应的读书笔记。差不多一年之后，他重读了自己的读书笔记，看到其中的一篇《美国派》，是 1926 年卡雷尔·恰佩克给纽约报社发行人写的一封信。当时他不太理解这篇文章，只觉得里面的内容对他有用，所以把长达 9 页的原文全部抄录在笔记本上，又写了相关评论。

在抄写过程中，卡雷尔·恰佩克盖房子的故事引起了他的兴趣。故事中的卡雷尔·恰佩克想盖一座古典风格的房子，但一直没什么进展，工人们不是聊天就是偷懒，甚至中午去喝啤酒，最终导致他的小房子耗时两年才盖好。按理说，这样的房子只要花上三天时间就能竣工。不过在这个"漫长"的过程中，卡雷尔·恰佩克在做监工的同时，还会与工人们用心交流，最终他和自己的"家"建立起了十分亲密的关系。

读完这个故事，这名老师只批注了三个字"很有趣"。等后来重读时，他开始领悟到了这个故事的深层含义。故事中有这样一段话："……我在欧洲做过很多工作，其间有人说起美国的某位大人物，在火车上口述一封信，身旁的秘书把信写下来，他们会在车上准备大型会议，或是一边吃午饭一边开会。但我们欧洲人则是在吃饭的时候吃饭，该听音乐就专心听音乐。这两种生活方式恐怕都是在浪费时间，但都没有浪费自己的人生……"

这段话如醍醐灌顶一般，让他心头一震，他马上用笔画了线，并写下一句话：浪费时间算不了什么，但千万不要浪费人生。

这段话至今都是这位老师的座右铭。

★☆★☆★☆★☆★☆★☆★☆★☆★☆★☆★☆★☆★

这就是重读的意义以及重读带来的收获。我们在重读中会获得信息重组，就像"读书破万卷，下笔如有神"一样。重读是我们真正悟透一本书的关键，除了获得更新的知识，还会激发我们的创意。

一名女作家曾这样描述自己的重读心得："我本是个粗枝大叶的人，自认为没有什么文学才华，但是我喜欢利用闲暇时间阅读，对于喜欢的书，我会一遍遍反复阅读，然后把幸福的点滴记录在笔记本上，自我安慰，自我欣赏，并陶醉其中。不管坐公交、搭地铁，还是逛超市，或者独自一人在公园散步，我都会带着自己的笔记本，记录下脑海中稍纵即逝的念头，或是妙语佳句，或是感动的瞬间，就算是一些琐事也要一一记录，记录下它们，就是永恒的。现在，我将它们整理成了我的一本杂谈。"

因重读而来的信息重组在创造活动中意义非凡，这种创造活动可以是读一本新书，也可以是写一篇心得体会，它们都源于我们在重读时产生的信息聚集，而后创造出的一种新思维。在这个过程中，我们会清晰地意识到经过重组的知识变得更灵活、更精巧，也更加实用。

4. 从"想不起来"到"想得起来"

一位作家曾说："错误的笔记法让自己失去了太多创新和创造的机会。"他的话道出了读书笔记的重要性，与此同时，我们还应当注重如何使用读书笔记。换句话说，我们要学会制作笔记索引的方法，避免我们的读书笔记看起来杂乱无章，造成重读障碍。

制作索引包括的内容很多，比如目录、标签和电子索引等，在此我们着重学习怎样制作索引的标签。虽说制作索引也有各种各样的方法，但目前普遍存在于读书笔记中的主要有以下三种。

第一种：切口涂色目录法

做好目录的读书笔记看起来就像一本书，也有自己的目录。做法是：在扉页上写下书名、小标题或是同一主题内容的关键词等，把题目作为目录，然后在目录后面用不同颜色的笔进行标记，并在对应的笔记内容页码边缘涂抹相同的颜色。制作好后，我们就可以像查字典一样轻松地翻阅到想看的内容了。不管是一本书还是我们的读书笔记，都可以采用这种目录法。前提是先要标记好页码，或是用日期标签替代页码，对比之下，前一种方式更易于我们查找具体页码。

第二种：等高标签法

在读书笔记的扉页由上至下按顺序写好每个主题的关键字，接着在对应书页切口位置等高处粘贴颜色相同的便签或是可折叠胶带，以此表明这些位置的主题是相同的。在贴的时候要略微突出一点，这样可以直接翻到想看的页码。用这种方法制成的标签有助于我们快速翻阅，在重读读书笔记时更省时省力。

第三种：重磅索引法

随着我们读的书越来越多，读书笔记的数量也会随之增多，当信息量变得越发庞大，我们一本本去找自然会浪费很多时间。这时，我们需要学会重磅索引法，而后不管信息量再大，过的时间再长，我们也会轻松地找到自己的目标。

重磅索引法的制作可以分两步。

第一步，在书籍及切口处标记好读书笔记的序列号。这里的切口是指书的横断面，也就是除了书脊，其他三面都要有对应的序列号，再算上书脊，整个读书笔记不管从哪个角度看过去都能一眼识别它的专属信息，即使随意摆放也不影响查找、翻阅。

第二步，运用电脑制作读书笔记的索引资料。可以先把笔记内容等信息录入电脑，每行信息分别是笔记本编号、日期标签、检索标记和条目标题。同时我们还可以在信息末端标记相应的关键词，这样更有助于我们随时取用。

以上三种方法不是独立存在的，可以交叉使用，或许在使用的过程中还会发现另外更适合自己的新方法。

通过索引，我们就可以在自己建立的"数据库"中轻松地找到目标，这会让我们的重读省时省力，事半功倍。

偶尔，我们还会有这样的烦恼：那个故事是在哪本书里来着？怎么想不起来为什么要读这本书呢？出现这种情况的原因也是我们"数据库"中的信息太过庞杂，所以在重读时，有必要按照以下几个步骤进行检索。

步骤一：按读书笔记种类检索

在做这样的检索之前，我们事先要把读过的书按照读书笔记的制作顺序逐一排列，这样在索引中就能轻松抽取含有"读书笔记"种类的信息，也就能一眼看到图书列表了。

查阅看过的书的过程并不简单，虽然通过书脊也可以一目了然，但这只适合书目少的情况，一旦阅读量太大，这也是个巨大的工程。而索引的指向性更为精准、明确，让我们直接抓取最要紧的信息。

步骤二：按书名检索

通过检索书名或部分书名，便可以知道这本书的读书笔记所在的具体页码，比如检索"俄罗斯"，与之相关的书籍和读书笔记中的相关摘抄与评论都会显示出来。这些都建立在你已经将书名、读书笔记等信息统计在一个总体的数据库中。比如：【28】05002/读书笔记/《××》（书名）/××（作者名）/××（出版社信息），这里的"28"是整体序列号。

通过这样的检索找到对应的读书笔记后，也可以找到对应图书一并对照翻阅。这个步骤的具体操作便是"索引—读书笔记—图书"。从表面上来看，操作起来似乎不算简单，甚至还有点麻烦，但如果书架上摆着很厚的书，书页偏多，你就知道这种方法的妙处了。

这一切都建立在认真做好读书笔记的基础上，或者说，简单总是建立在烦琐之上，先期的烦琐是为了以后能够更容易、更轻松。

步骤三：按作者名检索

有时候我们需要找某个作者的书，或是想知道某句话出自作者的哪本书，这时就可以通过检索作者名来寻找。

很多作者会写不同类型的书，而不少读者并不会细心地把同一作者的书进行归类，一方面出于装帧的考虑，另一方面则是很多读者更愿意按照类型归类，因为如果按作者归类，可能有的作者会显得 "孤零零"，只有一本书放在某个角落处。这时我们检索作者名后，某个作者的所有书都会出现在我们眼前，结合书名，找到对应的读书笔记里的摘抄及重点语句或段落也就轻而易举了。

步骤四：设定关键词

我们时常会在一个阶段内对某一领域的事物感兴趣，所以也会随之阅读很多这一领域的书籍，比如 "饮食" "戏剧" "悬疑" "文艺复兴" 等，在读完这些书，制作了相应的读书笔记后，在做索引时不妨为每本书设置相应的关键词，这样做方便我们想获得某方面更具体的信息时，能够更快地找准位置。不管是我们在阅读其他书籍时，想到了某个关键词，还是写文章需要参考资料，都可以借助一个关键词来找到对应的读书笔记，而后重读最主要、最精华的部分，为自己的阅读和写作带去更好的素材。

书的价值是通过时间的沉淀体现出来的，很多书只有在读过一段时间后，才会让人感受到它的魅力所在，这也更凸显出读书笔记以及重读读书笔记的重要性。重读会让我们有效避免 "想不起来" 的情况，读书笔记作为唯一的线索和纽带，可以让我们由此开始回忆起一本书的全貌。

重读的意义不言而喻，以上的各种索引制作及检索方式都是为了让我们从 "想不起来" 向 "想得起来" 转变，真正地达到 "书（包括读书笔记）读百遍，其义自见" 的目的。

5. 借助"读"与"评"，在回忆中梳理知识

我们都有写观后感、读后感的经历，尤其是读后感。如果一篇文章或一本书，读过之后"就书论书"，只学习书中的知识，但缺乏独立的思考，其实并不是真正读透一本书的表现。善于高效阅读的读者，总是能把书本知识与实际相结合，这种结合的过程，就是真正将知识内化，化为己用的过程。

写读后感是行之有效的训练方法之一，它同时也是一种文字与回忆的重读过程。我们在写读后感时，一边要回想书中的内容，一边要回想当时的阅读感受，这种"有效重复"进一步加深了我们对一本书的理解。

能够写出读后感，证明我们起码对一本书有了全盘的了解，并且也应该能够理解其中的一部分，否则感从何来呢？读是前提，感是结果。要想写出有价值的读后感，可以从以下三个方面入手。

第一，吃透内容

读一本书不能只看表面，要透过表象看到作者想让我们知道的本质。比如《极简主义》这本书表面教我们抛掉不必要的累赘，简单地生活，而本质上却是要求我们无论是思考还是行动都要力求"规范化""流程化"，按规矩做事，不出岔子、乱子，才是真正的极简。如果只把简约生活当成这本书的要旨，那无异于"一叶障目，不见泰山"。

还有一本叫《如何高效学习》，初看之时感觉这本书是教人怎样提

升学习效率的，但看完内容之后，如果觉得它谈的是怎么养成良好的学习习惯，那么还是没有读到"点子"上。其实这本书传递出的观念是怎样将各个学科的知识融会贯通，形成一个系统。

第二，找到窍门

我们读完一本书后，要知道从哪些角度分析，获得哪些感悟。当然，也有这样一种情况，读完某本书后没有马上产生"读后感"，这时不妨从这几个问题中找到灵感：（一）书中的道理与目前哪件事有联系？（二）书中所讲的事情可以解决眼下的哪些/哪个问题？（三）书中的内容与我有怎样的关系？这些问题就是弄懂一本书的"窍门"或者角度。

第三，善于复盘

复盘是围棋术语，是指结束一盘棋后，复演这盘棋的记录，从而检查自己下棋时所施用的招法的优劣情况。读后感就是对读过的书的一种"复盘"，但它并不重在复演读书的过程，而是通过从书上习得的方法找到窍门，解决问题，这更有助于我们深入地理解一本书。

总的来说，想要写出一篇有价值的读后感，首先就是吃透内容，真正明白作者想要表达的是什么；其次是找到窍门，确定自己的写作动机；最后就是把那些窍门与书的内容有效结合，派生出可以解决实际问题的方法。

写书评也是梳理知识行之有效的训练方法。

提到阅读就绕不开书评，书评是对一本书的客观评价，进入写书评的阶段也意味着我们从开始的读者——处于"仰视"阶段——向可以"平视"作者的阶段转变，换句话说，我们开始从虚心求教向平视沟通转变。

写书评与写读后感有所不同，即便二者对于重读具有相同的意义。

读后感更侧重于学习心得，总的来说是读完书后从书中获得认知提升；书评则需要我们站在更高的高度，从各个方面对书做出评判。

一般来说，书评评的是四个方面：一是评作者背景，以及作者写出本书的原因；二是评书的内容合理与否，有没有深度；三是评书与其他同类型作品的关系；四是评本书的语言风格，包括遣词造句等。

以下节选自《纽约时报》书评版中关于《在存在主义的咖啡馆里：自由、存在与杏子鸡尾酒》书评。

★☆★☆★☆★☆★☆★☆★☆★☆★☆★☆★☆★☆★☆

贝克维尔是一位著名的传记作家，这是她继她的上部作品——《如何生活》：描写文艺复兴时期法国著名的散文随笔作家蒙田的传记之后写的另一本明晰而令人印象深刻的书籍，绘制出了存在主义和现象学中的巨人——萨特、波伏娃、加缪、海德格尔等欧洲作家及哲学家的联合画像。故事发生在20世纪30年代早期，作者将这些人分为两类，一类是如波伏娃一般的正确方，另一类则是如海德格尔般的错误方。

在贝克维尔写得兴致昂扬的几页中，她对于复杂的哲学进行了对话式的阐述，即使最后她自己也在其中落败。当然传记部分的叙写也是极富魅力的。比如萨特在服食致幻剂几个月后，感到他正在被一只龙虾追逐。

★☆★☆★☆★☆★☆★☆★☆★☆★☆★☆★☆★☆★☆★☆

一篇好的书评要求写作者必须深刻地理解原书的内容，甚至关于成书背景、作者背景以及关于书的逸事也要做到心中有数，这自然要在反复玩味原文的基础上才能达成。

写书评是对一本书的"复盘"，通过这种评论，我们可以检验自己是否真的掌握了书的内容和深层内涵。需要注意的是，写书评要遵从一定的原则。

原则一：读懂再评

没有读完一本书就妄下评论，如同别人的话还没说完就被我们打断一样没礼貌，这时我们的评论必然有失偏颇。另外，就算读完了一本书，但没有真正读懂，没有理解内涵就开始自说自话，这样的书评对己对人都是毫无价值的，甚至会误导他人。就好像我们还没有看完一部电影，就直接盖棺论定，言明电影的主题，这样不但我们本人不会有什么收获，也会误导其他观影人。

想要检验自己是否真正读懂了一本书，不妨回想一下"读书四问"中的前两问，之后再去谈个人感想才更客观。

原则二：有理有据

不管是赞同还是批判，都要有根据，让自己的论点得到充分的论据支撑。说一本书好，要具体说出好在哪里，是遣词造句别具一格，还是条理分明、逻辑清晰，抑或传递的观点给人以启迪，如果对我们有启迪，要写明具体什么启迪，是哪些句子、段落给予我们启迪的。若是批判作者，也要指明存在的具体问题，是知识错漏，还是论据不充分等，没有道理的乱评和谩骂对作者不公正，对自己也毫无益处。

另外，要求同存异，我们可以表达自己的观点，但也要有所保留，所谓"文无第一"，强辩是非是徒劳的，应该客观公正地看待这种"争议"。这也从侧面说明我们真正用心思考了书中的内容，只要能有所得，就不必在意作者的观点是否与自己一致。

原则三：可说可写

既然是评论，就一定要表达出来，不管是口语表达还是书面表达。口语表达即口头评论，常见于某些社交场合或读书会等。大家围坐在一起，针对一本书可以发表不同的看法，在这个过程中，别人的观点往往对我们有极大的帮助作用，我们很可能在听了他人的评论后会再次重读，从而对书的内容有另一番理解。

书评与读书笔记有所不同，读书笔记重在"记"，其中也会有个人感悟，但并不侧重"评"。书评则完全以"评"为主体，如同写一篇议论文一样。

归根结底，不管是读——读后感，还是评——书评，都需要边重读、边回忆、边动笔，在这个过程中，书中的知识开始发生质的变化，从一个枝丫生出更多的枝叶，最终形成与本体相连的另一棵"树"。

第七章

阅读赋予你的"超能力"

　　作家巴甫连柯说："书籍使人们成为宇宙的主人。"我们在阅读不同的书时会获得不同的知识，这些知识会让我们具备不同的能力，从而改变自己，甚至改变世界。毋庸置疑，这些能力是阅读对我们的"馈赠"。

🔦 1. 通过阅读，激活你的想象力

　　一档名为《现代特写》的节目中说："读书这种行为并不是为了获取信息进行的，而是为了了解从自己的大脑里可以提取多少知识而进行的行为。"

　　我们的大脑在阅读和做其他事情时会有不同的运作状态，一般来说，电视影像是通过视觉神经被枕叶的"视觉区域"所捕获；解说则通过听觉神经被处在颞叶的"听觉区域"所捕获。接着，听觉区域捕获的语言会被输送到其他的"语言中枢"。人脑的语言中枢可以分为四个区域，分别是左脑后方负责音韵的区域、识别单词意思的区域、左脑前方负责语法的区域和阅读理解文章的必要区域。当书中的文字通过视觉神经被捕获后，就会进入对应的视觉区域，我们就可以依托于视觉区域下的路径来理解文字意思了。

　　一位教授在其作品《读书创造大脑》中说："默读时，能够变成声音的文字会变成只会在大脑中存在的'声音'，经由与记忆的对比自然地检索叹词及语法要素（比如助词）。为深入地分析单词的意思或组成句子的语法，被检索过的信息会被输送到其他'语言中枢'，到这里，'读'的行为真真正正地同语言相结合了。"

　　简单来说，当我们读到一本书中的某个场景和人物画面时，视觉区域会开始运作。这时存储在视觉区域中的以往的影像会被抓取，有关这一场景的画面就在大脑中逐渐形成。这一过程与培养"想象力"关系密切。

换句话说，阅读不单单是读文字，我们脑中的视觉影像也会被唤醒，或是与个人以往的体验对比进行思考，由于可以依靠自己得到的信息而慢慢地构筑自己的思考系统，我们所拥有的创造性脑力才得以被充分活用。

法国启蒙思想家狄德罗说："想象，这是种特质。没有它，一个人既不能成为诗人，也不能成为哲学家、有机智的人、有理性的生物，也就不成其为人。"阅读可以培养一个人的想象力，这一点

毋庸置疑。事实上，阅读不但是我们获得知识的一种途径，更是激发我们自身想象力的一种方法。而在科技日新月异的今天，人们获取信息的手段越来越多元和新颖，阅读反而被推到了一个尴尬的角落。

今天的我们习惯了从电视、数码相机或智能手机等媒介中观看视频、图片等，甚至还能享受 3D 电影带来的非凡视觉体验，且不断地追求高分辨率。不过从人脑运作的角度看，越是分辨率高的事物，越会降低人的想象力。当我们可以看清一切时，也就不会依靠想象力来填补模糊的部分。接收的电子媒介信息越多，这种情况就越严重。想想看，我们的大脑单单处理视觉区域中的海量信息就已经疲惫不堪了，又怎么会有更多精力来想象呢？加拿大著名传播学者马歇尔·麦克卢汉称电视（以及其他电子媒介）为"冷媒介"。

研究表明，在日常生活中，我们获取的信息总量的70%以上都由视觉提供。一旦这些媒介通过视觉带来的刺激与我们周围现实世界中的事物相近，我们就更容易冷静地对其产生莫名的认同感。

与"冷媒介"对应的是"热媒介"，它指的是广播，这一概念也源于马歇尔·麦克卢汉。广播只能传导声音，我们从广播中获取的信息量有限，因而可以在一定程度上激发想象力。所以，广播与阅读有着相同的效能，都可以通过语言来提升人们的想象力。有所区别的是，阅读是

主动获取信息，广播则是被动获取信息，相比之下，阅读是更适合自主学习的媒介。

诚然，在碎片化知识漫天飞舞的今天，我们想要了解一种知识时不一定非得翻阅各种体系复杂、内容涵盖量大的书籍，只需要在搜索引擎中输入关键字，与之对应的各种知识，甚至关联知识都会即时出现。然而，也正因如此，我们通过阅读才能得到的想象力随之消失了，阅读的乐趣也一并消失不见。

通过阅读，我们可以了解一个作者对于多个主题的不同看法，也会品出多个作者对于同一主题的差异性诠释，在阅读体验中，我们的想象力因此而得到不同程度的刺激。如果莫言当初只是为了了解马尔克斯所写的《百年孤独》中的故事而去读一篇书评，或许今天的文坛就没有"高密东北乡"这个地方。幸运的是，他不是只看了书评，而是真正地阅读了这本书，而且他在阅读中产生自己的写作想象力。不要说莫言，我们普通人在读完一本书后的所思所想，也都是想象力的一种表现，只是程度不同而已。

无论看科幻小说、悬疑小说，还是武侠小说、言情小说，人物外貌、对话、心理活动、所在地情景等，都会在我们的大脑中随意重组，这种因想象力而来的体验也只有真正喜欢阅读的人才能体会。

《红楼梦》第三回《金陵城起复贾雨村，荣国府收养林黛玉》中有一段诗这样描写林黛玉的神态："两弯似蹙非蹙罥（juàn）烟眉，一双似喜非喜含情目。态生两靥之愁，娇袭一身之病。泪光点点，娇喘微微。闲静时如姣花照水，行动处似弱柳扶风。心较比干多一窍，病如西子胜三分。"

我们在看电视剧《红楼梦》时，只会看到林黛玉的美，也只知道她是美的，但读到原文中的这段话时，我们想象中的"美人"又会是什么样的呢？影像中的美是演员赋予的，而阅读中的美则是我们的想象力赋予的。

一千个读者眼中就有一千个哈姆雷特，这句话标示了人的想象力。两个人对于一部作品中的人物会有不同的感受，皆因他们从人物身上看到的东西不同，加上他们的想象力，也就塑造了符合自己心中期望的人物形象。总而言之，阅读会激活我们的想象力，让我们在内心建立另一个五彩斑斓的世界。

 ## 2. 阅读助你获取表达者"红利"

我们在这里所说的"表达"包含两个层面，一个是口语表达，一个是书面表达。先来说说口语表达。

所谓口语表达，可以是通过语言与他人的沟通交流，也可以是个人的主动表达，比如演讲等。阅读会让一个人在表达时不会轻易出现"无话可说"的情况。毕竟通过阅读可以积累大量不同领域的知识，当某个人处于需要表达的场景之中时，因阅读带来的积累就会帮上大忙。

书面表达，简单来说，即是通过文字来表达内心所思所想。杜甫有诗云："读书破万卷，下笔如有神。"一个人的阅读量达到一定程度，且真正把书读懂、读透，在写作上——或者说在书面表达上也会达到不同寻常的境界。

归根结底，无论是口语表达还是书面表达，都建立在大量阅读的基础上，有了阅读上"量"的积累和"质"的飞跃，在具体的表达上也就自然而然可以吃到"红利"了。

我们在表达时，会把自己的大脑碎片"连接"到信息接收对象的大脑上，以促使自己的想法与感受简单、快速地传递给对方。具体点说，当我们表达某种意见时，事先假设对方的大脑中有一个区别于自己的"放映室"，要想表达清楚，就要放映对方可以看懂的影像。比如，对方的大脑里只有甲乙两种影像，这时播放丙影像，他肯定不能理解，所以就必须找出可以代替丙的影像。抑或通过甲乙两种影像，摘录出必要的元素来合成丙影像。

因此，我们在大脑中存储的碎片数量及种类越多，就越容易展示出适合在信息接收方的大脑放映室放映的影像。这一切都与阅读有关，我们阅读的越多、越丰富，并形成牢固的记忆，且能够活学活用，那么我们的元素组合能力就越强，表达的层面也越丰富、越清晰。

通过观察可以发现，生活中有些人的语言表达能力很强，不但说得多，而且说得很有逻辑和条理，总能把问题说到点子上。这些人无疑是看得多、读得多、懂得多的人，要想具备很好的表达能力需要多种因素支撑，但阅读肯定是最基础、最重要的一环。

通过阅读提升表达能力也是有法可依的，不妨遵从以下几个步骤。

步骤一：有明确的阅读目的

我们的目的在于提升表达能力，所以在选择目标书籍时自然与这一目的相关。读一本书时，我们想想可以从这本书中获得哪些"谈资"。

通常而言，我们会获得三个方面的谈资。

一是现象类：比如故事、事实或案例；

二是观点类：比如看法、论点或见解；

三是论证类：比如理由、分析或解释。

比如《卖火柴的小女孩》一文中的第二段，着重描写了小女孩几次点燃火柴产生的美好幻象，以及幻象消失后重回残酷的现实，再结合最终的惨死，就可以直接找出文章的中心思想和作者想表达的目的：揭露资本主义社会的罪恶，并深深同情小女孩的遭遇。

这给我们的表达启示：可以通过故事或案例引出观点。

步骤二：了解作者的表达方式

每篇文章或每本书都有自己独特的表达方式，开头、中间部分和结尾的表达结构都不同。了解作者的表达方式后，我们甚至可以直接套用，继而掌握多种表达结构，在具体的日常使用中就有迹可循了。

我们可以用两段话来作对比。

童话存在于很多人的世界里，比如：女生渴望遇到王子，与王子过上幸福快乐的生活；男生幻想自己是英勇无畏的勇士，可以战胜各种困难，最终娶到公主。

童话很美好，可现实很残酷。在生活中，我们要解决各种难题，所以要分清童话与现实，不沉溺在童话幻想中，否则只会蹉跎岁月。我们只有鼓起勇气，迎难而上，不畏艰险，才能创造属于我们的世界。

这段话的结构很简单，先是通过普遍的童话幻想入手，然后道出现实是残酷的，但最终通过转折，告诉我们只要勇于面对，排除万难，也可以拥有童话般的世界。

掌握了这种结构，我们是不是可以这样来说呢？

手机存在于每个人的生活中，比如：上班时，很多人忙里偷闲，刷视频、看朋友圈；下班后，把原本可以自我提升的时间用在打游戏、看直播上。

手机本身没有错，错的是让自己沉浸在无数毫无意义的事情上，荒废着时间、消耗着身体、影响着情绪。所以我们要做出改变，并不是要扔掉手机，而是把它变成学习神器，借助它提升学习效率，把自己变成一个"潜力股"。

这意味着当我们在更多的书中提取出了更多样的表达结构，也就有了更多的表达技巧。

步骤三：阶段性总结

总结是必要的，一是检验我们是否真正理解了内容，二是总结产生的观点可以作为我们表达时的主旨，搭建我们的表达脉络。当我们掌握了更多的关键词，也就能从关键词的周边搜索更多补充信息，这样就会为我们的表达源源不断地输送有价值的信息。

步骤四：建立复述框架

到了这一步骤，我们的表达能力和思维能力都会得到很大历练。我们事先架构好适合自己表达习惯的框架，再添加对应内容，并不断练习，用不了多久就会发现自己有了更强的表达欲，且比以往更善于表达了。

步骤五：融入个人感受

这一点建立在我们非常熟悉并掌握了以上步骤的基础之上。所谓个人感受，可以是个人经历和想法，或是自己的亲身经历等，把这些合理、巧妙地融入掌握的结构框架中，就能清晰地表达了。

通过阅读，我们还能提升书面表达能力。

是否真正地吸收了一本书的知识，可以通过写作体现出来。写作是书面表达，它会把我们学到的知识应用在具体的实践中；更关键的还在于，写作往往要求我们找出那些关键字和重点段落，以增强自己文章的说服力，所以这无形中再度强化了我们对知识的理解。反过来说，通过写作，不管是读后感还是书评，甚至是单独列出某个主题进行创作，我们的思维和创造力都会得到进一步的训练，这些都得益于大量的阅读。

模仿是创造的第一步，写作的开端离不开模仿，不管是经久不衰的名著、小说、电影，还是行业权威的经典著作、优秀同行的作品，抑或是有助于分析思考的书籍等，都会为我们的写作提供丰富的素材和写作模型。

阅读有助于写作，但就像阅读与口才的关系那样，二者不是简单的线性关系。不过，通过大量的阅读，我们仍然会在素材积累、思维方式和表达技巧上获得自然而然的"红利"。

3. 左手阅读，右手逻辑

每本书都有自己的结构，这种结构就是作者的逻辑思维的具象表现。比如他在开篇部分要摆出观点，中间部分要运用各种论据论证提出的观点，结尾部分再进行总结，这是作者的文章布局，也是作者的一种逻辑思维。阅读可以训练我们的逻辑思维能力，就在于我们通过阅读在不断地试着理解作者的逻辑。

阅读需要形象思维，也需要逻辑思维。逻辑思维是一种抽象思维，它建立在概念、判断和推理的基础上。概念有外延与内涵两层意思，外延指的是事物的范围大小，内涵则是概念的含义、性质；判断也可以从"质"和"量"两个层面区分，"质"上可分成肯定判断与否定判断，"量"上则分全称判断、特称判断和单称判断；推理则是思维的最高形式。

通常，我们可以通过四个方面在阅读中培养逻辑思维能力。

第一，把握词义与文章主题

有些文章或书籍的某个关键词就直接点明了主题，其余部分都是对这一主题的多角度诠释。比如《别了，不列颠尼亚》一文，其中的"别"便有两层含义：其一是指交接仪式结束后，查尔斯王子与末任港督彭定康坐上离港的英国皇家邮轮"不列颠尼亚"号；其二是指英国在中国香港的殖民统治彻底结束。因此，我们在阅读时要透过词语看出它背后的概念。

第二，把握句子含义

判断中的内涵与外延之间常表现为全同关系、包含关系、交叉关系、矛盾关系和反对关系。比如报告文学《包身工》中有这样的判断句：包身工是一种"罐装了的劳动力"。这句话道出了"包身工"永远没有和外人接触的机会，与社会完全隔绝，无从接受革命思想，可以供资本家"安全"地保藏。"自由地使用，绝没有因为和空气接触而起变化的危险"，这种判断揭露出了包身工的隐秘性以及变相贩卖奴隶的本质，也把包身工制度的罪恶摆在了世人眼前。

第三，把握语段和推理

在阅读时，要欣赏作者如何做到"推理"的。比如我们都学过的《拿来主义》一文，其中一段："当然，能够只是送出去，也不算坏事情，一者见得丰富，二者见得大度。尼采就自诩过他是太阳，光热无穷，只是给予，不想取得。然而尼采究竟不是太阳，他发了疯。中国也不是，虽然有人说，掘起地下的煤来，就足够全世界几百年之用。但是，几百年之后呢？几百年之后，我们当然是化为魂灵，或上天堂，或落了地狱，但我们的子孙是在的，所以还应该给他们留下一点礼品。"这段中用的是类比推理，从尼采到煤的开采，再到中国的"送"都换不来好结果。

除了类比推理，还有三段论推理、假言推理、二难推理、演绎推理、归纳推理等。《矛与盾》便用了二难推理——"任何东西都不能刺穿我的盾"与"我的矛能刺穿任何东西"。

第四，把握逻辑

不管是内容上还是形式上，都要有严密的逻辑，比如从分析与综合、演绎与归纳、反证等逻辑方法上便能看出文章的思路和结构上的格式。以说明文为例，如《南州六月荔枝丹》既有荔枝的生态结构介绍，又道出了荔枝的生产过程。前者进行了重点、详细介绍，后者则是概括说明，这样一来，文章由主到次的逻辑思路与结构一目了然，十分清晰。

我们在日常阅读中，要想真正具有逻辑思维能力，大体上是由我们的阅读方式决定。有的人阅读速度很快，几乎看什么书都是速读，走马观花看了一遍，觉得自己了解了大概内容后就认为已经完成了阅读，但这只是浅阅读，根本没有做到深入理解书中内容，也搞不清作者真正想表达的是什么，这样的无效阅读又如何能培养逻辑思维能力呢？为此，我们应当采取深度阅读方式。

深度阅读是建立在浅阅读基础上的，由浅入深，所以说浅阅读也是必要的，这会让我们对一篇文章或一本书的某个知识有基本的了解。深度阅读，可以让我们由表及里，看透一本书的结构和脉络。深度阅读有三个步骤。

步骤一：寻找关联

在阅读中碰到重要的概念时，要积极开动脑筋，联想一些可以用这一概念解释的现象，并尽可能多地找到对应的解释案例，这会进一步加深我们对重要概念的理解。而后要活学活用，形成视觉化的表达，让自己的描述方式更丰富。

步骤二：挖掘根脉

一个看起来并不高大的树木，它深埋于地下的根系很可能庞大到超出你的想象，所以我们在阅读时也要学会追根溯源，这样才能真正了解背后的体系。这要求我们深挖原理或从底层逻辑着手，把它的庞大根系挖出来，从而真正吃透内容。

步骤三：多场景应用

在不同场景自如地运用掌握的概念，可以让我们的逻辑思维能力逐渐增强。这很容易理解，不管是与他人分享，还是晒出朋友圈或分享在其他公共平台上，都要求我们拟出新的框架后再应用所掌握的概念，这个思考过程更具意义，也正是我们应用的关键。

当我们对某些事物的认知流于形式和表面，就很难把握住核心要点，也就无法掌握它的整个层次和内在逻辑，这也反映出我们并没有建立起逻辑思维模型，平时摄入的知识过于零散、碎片化，缺乏系统性和针对性。有鉴于此，我们在阅读任何一本书时都不妨从这几个问题入手：作者是怎么样阐释相关观点的？作者针对某一部分内容给出的论据合理吗？论据与论点之间是否符合逻辑推断？我们能否用自己的话概述文章或段落主题？

这些问题的答案就在书中，我们要做的只是追随着作者的脚步找到一个个线索，而后汇聚成一把把开启谜题之门的钥匙，就能轻松地找到答案了。

 ## 4. 批判性思维——让你的思考更有深度

我们都听过"批判性思维"这个名词，它也是一个时常被谈论的概念，很多人都在强调它的重要性。那么，什么是批判性思维呢？我们又如何通过阅读掌握批判性思维呢？

批判性思维是一种质疑与求证的思维，它是合理的、反思性的思维,是思维技能,也是思维倾向。简单地说,对于任何一个观点都要存有质疑精神。不直接接受,也不马上反驳,而是评估问题的深度、广度和逻辑性,之后得出自己的见解。

批判性思维对于接收和甄别信息极具价值,现今的我们面临一个共同的难题:怎样在海量的信息中筛选出那些对我们更有意义的信息,并有效避免错误信息干扰我们的大脑?批判性思维可以帮助我们解决这个问题,因为独立思考和质疑是这一思维方式的核心原则。

缺乏批判性思维,会让我们轻信和盲从,在阅读时会不假思索照单全收,这样的我们只会成为他人思想的附庸。那么,我们如何才能培养批判性思维呢?阅读是培养这一思维的重要途径,我们可以遵循以下五个步骤。

步骤一:通览全文

不管一本书有多少页码,或长或短,我们首先要做的不是翻开即读,而是看看封面、封底,读读作者简介和内容简介以及目录。浏览目录可以大致看出书的结构,再看看章节标题以及副标题等了解书的主要内容,若是教科书,就能看到某些特殊符号,比如斜体字词或加粗加黑字体等。还可以看看一些插图、图表或列表等。总之第一步绝不是细读,我们要试着在大脑中形成一个整体框架,了解了书的框架,其他内容只是填充,就像我们的骨架支撑我们站立一样。

步骤二:学会提问

很多人在阅读中太过重视细节而忽视了整体,把注意力聚焦于解析生僻字词上,却把篇章结构及作者表达的深层意义抛诸脑后。对于这个问题，古希腊哲学家苏格拉底早就给了我们解答之道。

他提出了"苏格拉底问答法"（Socratic method），通过讥讽、助产术、归纳及定义等形式启发和引导学生，让他们慢慢地掌握明确的定义与概念。我们在阅读中就可以套用此法，提出下面的问题让自己的思维活起来。

书中有怎样的内容和观点？

本书是站在谁的立场上写的？

书中的材料来源是哪里，可靠吗？

作者有没有弦外之音？

作者论证的逻辑有没有问题？

对于同样的资料和内容，我们可以想到几种可能的诠释？

除了对一本书的整体提问，还可以针对章节标题和副标题写出自己的问题。带着这些问题，我们就能从阅读中得到某些启示了。

步骤三：开始阅读

阅读时先不要用笔批注，可以快速阅读一遍，了解作者表达的主要思想以及内容布局。将身边干扰我们专注力的电子产品关闭，多余物品清除，不过一些人在轻音乐或古典音乐背景下可以更好地投入阅读状态，这一点因人而异。

阅读也是一种肌肉记忆活动，前面 10 分钟左右是进入阅读状态的准备时间，接着会有 40 分钟到 1 个小时的阅读高峰期，然后我们的阅读效率会变低，这时可以休息一会儿，然后继续阅读。

当读第二遍时，就要用笔来评注相关内容，找到一些要点。书的作者大多会很直观地让我们找到这些要点，比如当书中有"关键是……""值得注意的是……""需要记住最重要的一点……"等开头的句式时，我们就要打起精神了，这些部分常常是精髓所在。

当二次阅读时，我们还要记得为"步骤二"中的那些问题找出对应的答案。有些答案很容易找到，有些则是隐含的，需要我们通过阅读推导出来。寻找的过程也是我们积极思考的过程，在此期间，我们与作者观点的统一性和差异性会明显地表现出来。对于认同的观点，可以画线加叹号，或直接批注"赞同"；有所保留的地方，可以画上问号，标注查阅资料等，或是写下自己的理解和见解。这也反衬出了对比阅读的重要性。

交叉对比阅读是训练批判性思维的另一种很好的方式，这有助于我们了解不同的观点。在阅读中针对某一个主题或观点、事件，我们可以查找相关的书或文章作比较，这样能看到多个作者对于同一观点的多面论述，既能加深我们对一个主题的理解，又不会偏颇以致只掌握一种结论。

步骤四：练习复述

如果我们说自己可以拆除录音机，并能向别人讲述自己的拆除流程、拆除中的注意事项和使用到的工具，并能重新组合录音机，那就证明我们真正地掌握了拆除、安装录音机的技能。不过，重点还在于，当我们向别人讲述之后，却从他人那里得到了更快速的拆除、安装技巧，这是不是比单纯掌握拆装技能意义更大呢？

批判性思维的要点更在于我们意识到了与他人的思想分歧，并能接受这种分歧，从而改进自己。所以，必须通过复述让别人知道我们从阅读中获得的那些要点，一是可以强化记忆，二是能够获得多角度的结论检验。

步骤五：试着回顾

如果把回顾也当成阅读的一部分，那么我们应该已经"读"了好几遍目标书籍，有略读，有细读，总之，走到这一步，我们对书的内容可以说做到了深入的理解。当然，我们的任务不是背下全部内容，而是掌握要点和结构，明白书的优缺点，以及自己对这本书有怎样的认知和态度。现在，我们可以站在一个更高的角度俯瞰这本书，了解可以从什么方面把它"变"得更好。

批判性思维的培养不是一朝一夕，需要不断地努力和尝试，无论何时多问几个为什么，多进行辩证思考，你会发现自己的思维完全不一样了。

5. 面对未知，在阅读中提升认知能力

认知能力也像逻辑思维能力一样，是一个抽象概念，它指的是人脑加工、储存和提取信息的能力。认知包括大脑的一切感知、思维和想象等过程，主要表现在一些基础能力上，比如注意力、观察力、思考能力和推理能力等。

当知识快速更迭、信息大量过剩，人工智能、云计算、大数据等事物的发展日新月异，我们也开始意识到提升认知能力才能让我们跟上时代的发展。有这样一句话："一个人只能赚到自己认知范围内的钱。"除了运气，似乎没人能在超出自己认知范围之外赚大钱，甚至连自己认知圈内的钱都赚不到。由此，问题的焦点便是：我们如何才能提升自己的认知能力？

我们可以通过很多渠道提升认知能力，但阅读无疑是成本最低的途径。这其中有一个显而易见却又容易被忽视的逻辑——我们读的书越多，知识面越广，认知能力就会越强；认知能力的提升，会让我们变得越来越有价值，由此我们就能紧跟时代发展的步伐，无论环境如何变迁

都不会被淘汰出局。

那么，我们应该怎样在阅读中提升认知能力呢？

选书

选书并不是简单地去书店或图书馆找到自己感兴趣的书，如果这样做，我们的认知仍然在自己熟悉的领域。我们的成长经历决定了我们的整体认知，换句话说，当前的状态是由我们过去的认知能力决定的。所以，我们感兴趣的书未必是能真正提升我们认知能力的书。此时，"想什么"要比"可以做什么"更具参考意义，因为它超出了当前的状态，是我们目前达不到的水平。

比如，你想从事人力资源管理工作，但目前做的销售类工作，二者行业属性不同，不过这却是你可以提升认知能力的纽带。为此你要制订阅读人力资源管理类图书的计划，一步步达成这个并不是遥不可及的目标。或许你觉得这样有些麻烦，是否可以通过各种荐书、拆书、听说平台来选书？这种选书过程有点类似"跟潮流"，难道你真的指望"30天快速脱掉理财小白的帽子"一类的书可以提升你的认知能力吗？

阅读

阅读讲究持续性，要持之以恒，但前提是我们在正确的方向上坚持。如果定位标准，方向错误，结果只会南辕北辙，所做的一切都是无用功。真正的阅读是建立在对自己有精准定位基础上的，要有勇气直面自己内心最真实的想
法。如果只是为了附庸风雅而读，看别人读才读，却忘记自己当初为什么出发，诸如此类的认知范围其实还是原地踏步。

吸收

阅读是为了获取知识、增长见闻等，这样的目的听起来简单，却往往不容易达成。不管我们看过多少关于阅读、记忆法、学习法的书籍，也不管一天之中接收了多少信息，真正能够储存在我们的大脑里，经过加工后存留下来并能指导实践的有用信息，或者说知识或许并不多。因此，我们不能盲目地阅读，而是要以"吸收"为目的去阅读，要善于让自己接触到的所有知识储存到脑海里，最终为己所用，真正变成我们思想中的一部分。

整合

在学习心理学中有一个叫"认知结构"的概念，我们可以简单地把它理解成一种知识类别，也就是说，我们通过阅读获得的各种知识都会储存在我们的大脑中，形成不同的"类"，各类知识之间又会通过非常复杂的形式组合成"类群"，形成"类群"的过程便是知识的整合。

众所周知，任何人都做不到对所有知识的掌握，有些知识进入我们体内后就像"器官移植"一样，会与我们的身体产生"排斥"，这也是很多"书呆子"产生的原因——他们读书过于僵化，无差别地吸收一切知识。由此来看，对知识的整合程度取决于我们的大脑中已经存在的各种"类群"，而非我们吸收了多少知识。

而今，很多人认为不断扩充阅读量会拓宽自己的知识体系，就能逐步提升自己的认知能力，让思维边界逐渐外延。从某种程度上说，这种理解有一定道理，只不过前提是我们首先要在大脑中建立"类"，由此才能通过大量阅读形成"类群"，让知识的整合更有价值。

表达

表达，即通过以上四个方面的训练，我们呈现出的一种真实状态。如果我们的生活、工作状态发生了大变样，那么毋庸置疑，我们的认知能力得到了显著提升，因为此时的我们"脱胎换骨"了，已经不再是当初的模样。

第八章

阅读让你的人生大放异彩

　　阅读是一种生活方式，我们通过阅读会找到深埋于内心世界里那个真实的自己。既会获得知识、丰富头脑，又会与他人以更舒适惬意的方式相处，甚至可以帮助他人。文字的力量会增强我们思想的力量，让我们成长为一个有智慧的人。

1. 通过阅读，发现全新的自己

腹有诗书气自华，阅读带给我们的可能是财富与名誉，也可能是一份宁静与人生体悟，还可能是面对问题时的从容、面对困惑时的淡定。我们从阅读中会发现什么、收获什么，有赖于是否真正地用心阅读。

阅读是获取知识的最佳途径，但我们不能被动地获取书中的知识。叔本华在谈及读书的"危险性"时表示，读书的本质就是借用他人的大脑思考问题，所以他认为读书对自己的思维有害无益。不过，这并不意味着我们要放弃阅读，他只是告诉我们通过阅读积累知识，变得博学多识并不是阅读的终极目的，我们要在阅读中培养自己积极思考的能力，用阅读拓宽视野，用思考深化思维。阅读的奥妙之处就在于可以将学来的知识转化成思考的素材，阅读会让我们在精神层面走向成熟，人生也因此变得更加丰满、自由且美好。通过阅读，我们会发现一个全新的自己。

★☆★☆★☆★☆★☆★☆★☆★☆★☆★☆★☆★☆★☆★

有这样一位职场女性，她在工作中勤勉上进，是公司的骨干。当了妈妈之后，面对家庭、工作、孩子的教育以及自身精神追求等问题，她一度陷入迷茫之中，失去了方向。往往会因为一些琐事同丈夫争吵，也会因为孩子的作业和成绩变得焦躁不安，她变得和以前不一样了，在朋友聚会中她成了那个牢骚满腹的"怨妇"，嘴里永远是家长里短。

后来，她接受了朋友的建议，开始推掉无聊的聚会，重新拿起书本，一边看书一边做笔记。一连几个月，她把自己的闲暇时间安排得满满的——读书会、心得交流群……她对朋友说，原来，生活中的一些难题和看似无法和解的问题，都能在书中找到答案。她开始从鸡毛蒜皮的小事中找平衡，懂得了如何处理亲密关系、学会了正面管教孩子，更读懂了如何安抚自己的情绪。她不再埋怨、不再焦躁、不再歇斯底里，她的认知和格局正在逐步提升，她在找回以前的自己的同时，又发现了另一个全新的自己。

★☆★☆★☆★☆★☆★☆★☆★☆★☆★☆★

作家、诗人赫尔曼·黑塞说："世界上任何书籍都不能带给你好运，但是它们都能让你悄悄成为更好的自己。"

我们在阅读时通常倾向于熟知的领域，这会让我们的阅读更"安全"。对于陌生的领域和知识，我们有种畏惧心理，认为它深不可测。购买并阅读熟知领域的书籍，深入学习并巩固很重要，但获取陌生领域的知识同等重要。

陌生领域的书籍会为我们打开通往新世界的大门，而开启之匙仅仅是一本书，这个成本太低了，低到我们无须多想，只要愿意花上一些时间和精力，就会了解前所未有的新事物，让自己的人生有更多样的精彩。

当然，我们阅读陌生领域的书籍，起初会有"跨界"障碍，比如新词汇与我们熟知的词汇之间的冲突与碰撞，会让我们有点无所适从。这就要求我们事先做好心理准备，如同参加某种资格考试一样保持必要的紧张和兴奋情绪，而后我们就好似化身为探宝者，对于每一部分都会充满新鲜感。

我们都是充满无限潜能的个体，阅读便是激发这种潜能的手段。每本书都不是孤立的，它可以引领我们走向无数本书，进而去探索无数个未知领域。当我们从一本本书中获得力量，可以凭一己之力做出或大或小的成绩时，才会赫然发现，原来我们也可以披荆斩棘，变得无所不能。

古希腊的德尔菲神庙里有几个令人心头一震的单

词：Know thyself——知道你自己。我们不禁深思并追问：我们真的知道我们是谁吗？从哪里来？到哪里去？这似乎是哲学问题，看起来与阅读毫无关联。只是，当我们无法从别处求解时，阅读或许是唯一能让我们有可能找到答案或想到答案的方法。

2. 用阅读搭建与他人沟通的桥梁

莎士比亚说："生活里没有书籍，就好像没有阳光；智慧里没有书籍，就好像鸟儿没有翅膀。"阅读可以增智增慧，改变人生，我们因阅读启智，也会因阅读获得更广泛的学问。

在社会这个大群体之中，每个个体都要学会与他人沟通交流，如此才能促进彼此关系的和谐发展。但受制于各种外在因素，导致人与人交往时会受到一些限制，比如个人语言使用习惯，处理事情的分寸感等。事实上，这些难题可以通过阅读解决。

阅读会开阔我们的眼界，让我们明白是非曲直，提升个人在日常生活中为人处世的能力，并能不断增加自身知识储备量，这样我们在与他人交往时便能做到沉着冷静、淡定从容，从而获得更和谐的人际关系。

人际交往能力决定着一个人是否能够真正地立足于社会，那些不善于与他人打交道的人，是很难获得成功的。卡耐基认为，一个人的成功30%靠才能，70%靠人际关系，可见人际交往的重要性。当然，某些

"天才"仍然可以仅凭才能获得成功，但大千世界中，天才又有几人呢？所以，提升人际交往能力显得格外有意义。

阅读会为我们搭建与他人沟通、交流的桥梁，它也是可以让两个陌生人熟络起来的方式之一。那些喜欢读同一类书，或者说喜欢阅读的人，更容易快速熟悉彼此。因为阅读一本书、参加一个读书讲座，我们会认识一个或一群志同道合的书友，会向他们展示自己读过的书、正在读的书、不感兴趣的书，或者分享自己的读书场所、方式及心得。至此，读书已经不再是一个人的阅读，它变成了一种需要考虑他人反应的社会化行为。阅读离不开人与人之间的互动与交流，"以书会友"也成了阅读者之间友善沟通的最佳方式。

也有些人认为，阅读与社交是割裂开来的，因为阅读应该安静，这样方便进入阅读状态，产生理性思考；社交则恰好相反，意味着热闹、互动和交流。表面来看的确如此，我们在上文中也曾强调要在静谧的场所开展阅读。但是，阅读过程中的情感需要宣泄的出口，传统阅读方式却会限制交流的可能性与多样性。加之网络时代更强调互动和多元、去中心等，所以阅读边界慢慢消失，社交化阅读也应当成为我们的一种阅读选项。

在这种阅读方式中，我们可以更自由地谈论一本书，比如它有哪些有价值的观点，作者是如何呈现这种观点的，如果这种观点是作者独有的，他是否在其他作品中以不同的方式呈现过？与看过这本书的书友探讨的过程中，我们会看到更多的侧面——包括作者的和书友的，由此我们与书友也会有更明确的沟通方式和渠道。

萧伯纳说："你有一个苹果，我有一个苹果，我们彼此交换，每人还是一个苹果；你有一种思想，我有一种思想，我们彼此交换，每人可拥有两种思想。"帕斯卡尔在《思想录》中也说："人只不过是一根芦苇，是自然界最脆弱的东西，但人是一根会思想的芦苇。"正因为有了思想，有了与他人交换思想的过程，我们的认知才会更进一步，我们也更了解自己通过阅读所结识的所有人，并意识到原来世界上有很多与自己思想近似的同道中人。

这一点对于作者和读者同等重要。读者希望通过阅读，与更多的读者建立起以书为桥梁的友谊；作者也希望能够把自己用心编织成的思想，假托于小说或其他题材中的人物之口说出来。当他们碰到了某位熟读自己作品的读者可以将自己作品中的某句话或某段话背下来时，他们会为此感到欣喜和欣慰。

书作为让自己与对方产生联系的道具，它更真实，也更富有情感，而越是智能的道具，让人越不容易与他人产生最纯粹的联系。

虽说"始能读书，始能研究，始能写作，始能如庄子所云'独与天地精神往来'"，但我们今天的阅读目的已不局限于只做学问，阅读也已成为一种工具，所以"孤独"的阅读方式已经被打破。

美国学者艾伦·雅各布斯在《再读一遍：消遣时代的阅读乐趣》一书中说："很多人在阅读时都会建立起深远的关联：书中人物会深深吸引我们，把他们想象成朋友、恋人或仇敌；我们也会想就角色、段落、情节或观点等和作者交流。"我们的这些想法已经向"社交"迈出了第一步，所以接下来发生的思想碰撞就为真正的社交埋好了伏笔。

我们渴望通过阅读打开新世界的大门，渴望与更多和自己思想同频的志同道合者成为朋友，因为我们的思想需要更迭、修正和进步。这不能只靠孤独的阅读，而试着走进他人的思想世界，也就意味着我们正在让自己的阅读面貌焕然一新。

3. 活学活用，洞悉阅读的意义

　　宋代诗人陆游在《冬夜读书示子聿》一诗中写道："纸上得来终觉浅，绝知此事要躬行。"这句话告诉我们，从书本上学到的知识只是理论，要想真正地达到知识内化的目的，就必须让它来指导实践，通过实践才能验证我们是否真正掌握了它。

　　人做任何事情都有目的，阅读也是如此。阅读的目的是什么？总结起来，主要表现在以下四个方面。

求知

　　读书"四问"的前两问是——书中讲了什么？作者通过一本书解决了哪些问题？这两个问题是我们以求知为目的进行阅读时必须思考的两个方面，而后两问则可看成是建立在前两问基础上的。

　　以求知为目的进行阅读，要重视知识的完整性、特殊性。完整性表现在不偏不倚，要抓全部而不能只掌握冰山一角便觉得自己融会贯通了；特殊性则是要重视知识的施用环境和条件，不同的知识在不同的环境和条件下才能发挥效用。这就对我们的阅读方法提出了要求。

　　首先，根据所选知识的重要程度采取略读或精读，并视时间采用对应的速读技巧。接着制订阅读计划，在阅读过程中主动思考，以目标为导向，深读、细读。最后则是实践。

　　"求知"阅读主要是为满足人们的浅表层、实际性需求，多是一些专业知识和技能类书籍，这类书籍要向下阅读，真正读懂知识内涵，做到有效掌握。

为己

这里的为己不是单纯地为了自己阅读，虽然这也是一个方面，就像求知阅读是为了获得更多知识、技能一样，它同时也包含提升自己的思想水平和精神境界。我们学到了知识，最终极的目的是让知识可以为我们所用，不是为了学而学，是为了用而学。

"读史使人明智，读诗使人灵透……"类型不同的书籍可以塑造人不同的精神特质和性格。性格决定命运，人的性格并不完全是天生的，后天的环境更易于重塑性格。我们因所掌握的知识的差异性而区别于其他人，阅读便是培养人性格的重要方式之一。为此，我们不妨更多地阅读历史、哲学、理论科学等类型的书籍，在阅读时除了精神上的享受，还要思考书中内容与自己会产生的各种可能性关联，以及可以满足自己什么样的精神需求。这类书的知识很难在实践中使用，却是丰富思想、浸润心田的首选。

分享

人类具有的群体性决定了我们非常渴望获得群体的认同，在阅读方面，这种特性表现在分享上。

读完一本书后，觉得很有道理，我们便想分享给其他人，即便书的作者不是我们，但我们认同了这本书的观点，所以在分享的过程中，也渴望得到分享对象的认同。可以说，我们一生所从事的各种社会活动都是在寻求认同的过程。当然，获得认同只是分享的一个层面，毕竟"一千个读者眼中就有一千个哈姆雷特"，我们不能期盼他人的口味与我们一样，但分享的意义正在于此——通过分享来检验那些与我们口味不同的人是如何定义被我们推崇的那些观点的。

分享带来的结果不管是否符合我们预期，都不妨碍书籍中观点的传播，都是对书的主题的变相发展。另外，通过分享，也可以检验我们是否真正掌握了书中精髓。

★☆★☆★☆★☆★☆★☆★☆★☆★☆★☆★

一位大学教授总是要求学生在课堂上花费 5~10 分钟的时间把他讲授的内容要点提炼出来，而后他便可以从学生的各种表现中看到自己的"分享"效果。偶尔会有学生提出异议，这让他兴奋不已，因为他发现有人可以真正对内容的"理解"与他进行思想交锋。通常的结果都是学生败下阵来，毕竟他事先做了很多准备工作，而学生只是一时不能理解才觉得他的分享"有误"。经过这种观点上的博弈，他意识到自己通过"教"的方式分享的所有内容都像天生根植于自己的大脑中一样，永远无法忘记。

★☆★☆★☆★☆★☆★☆★☆★☆★☆★☆★

分享的方式也是多样的，当别人并不想花时间听我们对一本书的复述和看法时，公共社交平台便是不错的载体。我们可以把自己学到的内容上传到平台上，与我们有共识的书友很可能会主动与你交流。

延续

除了以上三个效用和意义，阅读还有一个间接效用，即它能够满足创新与传承之需。这一效用不是阅读产生的直接结果，但与阅读密不可分。

所谓的创新，是需要本身立足于一个领域的前端这一前提，而后通过阅读始终保持自己的领先地位，同时时刻关注最前沿信息，并在实践中抓住重点。阅读可以避免无效、重复探索，把创新的起点放在最新已有的理论上。实现创新的条件和途径并不容易得到，但阅读无疑是成本最低的方式。它会打开一扇门，让我们更容易达成目标。

传承同样是因阅读产生的间接效用。传承有传和承两层意思，传是传递下去，承是承接起来，在阅读上，这两种状态便是创作的过程与阅读的过程。传承不能表现在口头上，而是要立足于实践。阅读对接过去和未来，那些值得传承的佳作和知识，就在这种传承中得以延续。

延续的两个层面——创新与传承是彼此"互通"，不能割裂的，创新需要建立在传承的基础之上，传承也要为创新保驾护航，为创新指明方向。

阅读的意义因人而异。有人说，世界上最有趣的两个事物，一个是人，一个是书。我们读什么样的书，就会变成什么样的人。无论阅读什么样的书，只要它能带给我们各种不同的收获，就是最大的意义。

4. 高品质阅读，打开心智之门

我们掌握着各种阅读技巧，但只有技巧，没有"练手"的材料也只是"英雄无用武之地"。假如我们想变成一个更出色的阅读者，就不能没有筛选地读任何书和文章，尤其是那些在我们掌控能力范围内的书籍，它们对于提升我们的阅读能力并没有多少价值。我们所要读的应当是那些可以帮助我们思想成长、心智增长的书。

可见，我们需要的是"高品质阅读"。我们不但要读得好，还要会分辨可以提高我们阅读能力的书。消遣类读物让我们放松了精神，可除了一时欢愉之外，还有什么别的收获吗？这类作品的价值体现在单向获取信息上，它改变的是我们的阅读量，对于心智成长意义不大，我们的心智与过去相比没什么两样。

　　那么，哪些书会让我们实现"高品质阅读"？如果我们想练习阅读技巧，特别是分析阅读技巧一类的书，这些书必须超越我们的能力才行，但不要因此觉得自己无法驾驭这类书，只要掌握了以上介绍过的阅读技巧，很多书都无法逃开我们的掌控。不过，即使我们的技巧再纯熟，也总有一些书高于我们的认知，这些书就是真正实现高品质阅读，提升我们心智的书。

　　有些人觉得这类书只存在于自己不熟悉的领域，比如科学作品或者哲学类书籍，本身难度极大，一般人的确很难驾驭。不过，真相是：伟大的科学作品往往比非科学作品更"通俗易懂"。因为很多科学作品为了让读者更快地把握要旨，会论述得格外清晰，这是很多人普遍认为"更好读"的文学作品所不具备的特点。比如荷马的作品的阅读难度就大于牛顿的作品，这是因为荷马处理的主题并不容易写好。

　　当我们阅读一本好书时，我们一方面会提升阅读技巧，另一方面会在书中学到"如何了解这个世界和自己"的知识。我们开始懂得生命，学会尊重一切，我们更具智慧了，这是只提供信息的那类书无法比拟的。

　　我们可能会因此联想得更多、更深，会开始思考人与人、人与非人之间的关系，自然与定律、存在与演变，这所有的一切逐渐在我们的意识中呈现出来，我们可能不会想得多深刻——事实上也很难想得太深刻，但我们已经有了区别于一般人肤浅的世界观的认知。很多经典之作就是在帮助我们把这些问题想得尽量清晰，这是因为它们的作者要比大多数人的思想更深刻。

　　在我们身边，很多书的效用更多体现在消遣和获取资讯上。对于这类书籍，我们不会做精细的分析阅读，只要大致浏览就行了。

　　另外那极少的一部分书，是真正教会我们如何阅读，甚至如何生活的书。它们是作者的精心之作，所写的内容与人类永恒的话题息息相关。这类书对读者也提出了更高的要求，需要读者全情投入，进行分析阅读，真正掌握内涵。这类书在读过一次之后可以不用再读了，只偶尔翻阅，温习重点即可。为什么呢？

因为这类书是能够切实增长我们心智的书，会提升我们的理解力，而我们在阅读时的心智反应也会表明我们与这类书传递的经验合二为一了。我们掌握这本书的主旨，吸收里面的精华，可也仅限于此，所以无须一读再读。

在这类书中还会筛选出更精、更少的一小部分书，它们可以被我们读懂，但我们却无法真正掌握其中的精髓。那么，我们怎样才能知道什么样的书属于这类书呢？当我们读完这类书，会觉得自己总有说不清、道不明的困惑，这种难以言表，恰恰是这类书的高明之处。如果我们能想明白自己的困惑在哪儿，就有必要马上重读，解开自己的困惑。不过，通常我们很难在短时间内找出困惑的地方，但又很清楚地知道困惑就在这类书中。于是我们念念不忘，直到再次阅读才会发现新大陆。

重读通常还会产生两种效果。一是经过重读，我们发现自己大脑中记忆的内容比书的内容更多，这是因为进入这一阅读阶段的我们，在心智上获得了进一步成长，头脑更充实了，理解力也有了大幅提升。但此时我们只是个人获得了改变和成长，书籍还是原本的书籍，所以这种重读效果不是我们最想要的。

二是在重读时发现书与我们在"同步成长"，我们在其中看到了新东西，是之前未曾发现过的。此时足以证明这本书最初就处在一个较高的层次上，我们只是在一步步地追逐着这个层次。换句话说，这本书适合不同层次的阅读需求。我们每一次阅读都会获得一次成长，而且这种成长会伴随终身。这样的书如同我们的生命导师，每次阅读都会给予我们新的力量。

《单向街》中有这样一段话："人为什么要读书，大概是想要获得温暖的力量，找到人生前行的方向；也希望，成为更好的自己，遇见生命中的灵魂伴侣；还有可能，找到一切关于生死、科学以及宗教的答案；又或者，只是为了得到一份纯粹又自由的阅读时光。仅此而已，而如果不读书，我实在想不出生命的意义，书之于我，是一蔬一饭，是疲惫生活的英雄梦，是'不读书毋宁死'的态度。书是黑暗里的光亮，照见自我也照见明天，书是脚下的路径，带我越过高山大海，阅读不一定能给你好运，但能让你悄悄成为自己。"

阅读会带给我们什么？也许阅读的目的并不在于我们看了什么，而是会把我们变成什么样——好的阅读是主动阅读，它最大的作用便是帮助我们成为自我，更能帮助我们的心智保持活力。这可能是阅读可以带给我们最好的东西。

第九章

不同类型书籍的"读书心法"

正所谓一把钥匙开一把锁，没有哪种阅读方法能适用于所有类型的书。因为不同类型的书有不同的构架和写法，所以我们也要因"书"制宜，针对不同类型的书采取不同的阅读方法。

1. 文学类——细心品味、用心欣赏

法国作家福楼拜说："文学就像炉中的火一样，我们从人家借得火来，把自己点燃，而后传给别人，以致为大家所共同。"很多人阅读之旅的开端都是文学作品，文学如同浸入我们生命的一缕华美的光，指引着我们追求真善美，也以或美妙、或睿智、或深刻、或令人动容的文字感动着我们。

文学类作品涵盖的范围很广，包括诗歌、小说、散文、戏剧、寓言、童话等。欧洲传统文学理论将文学分为诗、散文、戏剧三大类；而现代通常将文学分为诗歌、小说、散文、戏剧（剧本）四大类别。那么，文学类作品应该怎样阅读呢？下面以诗歌、小说为例，简要阐述它们的阅读技巧。

如何阅读诗歌

准确地说，应该叫品鉴诗歌，通常有以下几个技巧。

技巧一：区分类型

从诗歌的内容上看，古典诗歌大概可以分成：送别类、怀古类、思乡怀人类、战争或边塞类、闲适恬淡类、借景抒情类、托物言志类、爱恨情仇类和民生类等。拿出一首诗歌，阅读几遍后便可以基本上确定类型。

技巧二：定准情感

诗歌的情感基调多种多样，比如愉悦、欢快、激愤、沉痛、哀伤、惜别、仰慕、热爱、忧愁、伤感、孤独、忧国忧民、坚守名节等。在诗中总会有一些体现这些情感的意象，找到这些意象，就能快速把握全诗的情感。

技巧三：把握主题

诗歌都有各自想表达的中心思想，通过反复阅读就能准确把握。一般而言，诗歌的思想内容包括：忧国忧民、怀古伤今、崇和反战、批判权贵、怀才不遇、寄情山水、解甲归田、思念故友等。

技巧四：找出意象

在品鉴诗歌时，把握诗歌中的意象是要点所在，它指的是出现在诗歌中的形象，包括人、事、物、景。古代诗歌中的很多意象各有深意，比如"柳""长亭"通常代表送别，"月亮"表示思念等。这需要我们在平时的阅读中注意这些意象所表达的情感，即便这些意象因意境的不同而有所差别，但大体上都是相通的，有它们的共通之处。

技巧五：找出技巧

一首诗大受好评，与作者采用的写作手法、表达技巧关系密切，这种表达技巧通常包括表达方式、修辞手法和表现手法。想真正读懂、读透一首诗，找出作者采用的表达技巧也很关键。

技巧六：确定风格

风格因作者的经历、艺术造诣等而有所不同，比如李白的诗飘逸、杜甫的诗沉郁、陶渊明的诗平和等，这缘于他们各自的人生境遇，由此让他们产生不同的感悟和联想。

上述六个技巧在品鉴诗歌或品读诗歌集时可以灵活运用，并通过细微之处体悟出作者的语言风格及想要呈现的思想。作为读者，我们在不同的心境下对于一首诗的品读也会有所不同。因而，建立一种品鉴思路，并在不断的赏析中形成自己的品鉴风格是很重要的。

在诗歌品鉴过程中，还要注意几个要点。

第一，要想增进作品的理解，必须首先了解作者的生平、思想和创作风格。

第二，了解作品所处时代的特点及时代风貌。比如唐朝国力强盛，投笔从戎者多数斗志昂扬、精神饱满、情感豪迈；宋朝国力式微，失去了盛唐的气象，知识分子更多地"伤春悲秋"，气吞天下之势已经减弱。

第三，不少作品之前有"序"，会对创作年代、创作缘由、创作经过等有所交代，通过"序"，更易于我们理解作品内涵。

第四，多数作品都交织着复杂的情感，所以我们应当在阅读作品时充分发挥想象力，逐步提升自己的品鉴高度。

如何阅读小说

我们在阅读一本小说时，往往会在书中看到自己的影子，那可能是另一个"自己"，甚至是一个我们不愿意成为的那类人。这正是小说的奥妙和趣味所在——每个人似乎都是"共通"的，我们或多或少都会在别人及其他虚构的人物身上找到内心深处的"自己"。

如何更好地阅读小说呢？这就要求我们掌握阅读小说的"21"个法则。

（1）开篇法则：大多小说的开篇会传递出包括时间、地点、人物和背景等基本信息。

（2）虚构地点法则：虚构类作品中出现的地点大多不真实，但又必须写得很真实。读者自然明白这一点，也正是因为不真实，读者才会没有任何心理"负担"和"障碍"，读完即可抽身离开。不过，这份不真实不会让读者觉得蒙受欺骗，他们反倒会进入作者创造的虚拟世界，参与作者的想象，这从另一个角度弥补了某些作者不能表现的细节。美国密歇根大学教授托马斯·福斯特说："阅读是两个想象空间的互动，一个是读者的，一个是作者的。"

（3）叙述者法则：小说的叙述者与作品中的人物、事件一样，都来自想象和语言，跟随着叙述者的视角，我们可抽丝剥茧地了解一个故事是怎样发展的。

（4）"人称"不可信法则：通常在作品中出现第一人称"我"时，作为读者的我们往往会"被骗"，就连文中的"我"也会一并"被骗"。

（5）声音法则：在阅读时我们必须听懂叙述者的声音，这是作者发明的高明策略，叙述者的声音所传递的内容、方式或是"最不易被察觉的声音"都会改变故事的走向。比如我们在书店翻开一本小说，简单读几页就可以判断叙述者是否真正走进了我们的内心。

（6）坏角色法则：优秀小说中的反派往往让人既爱又恨，这种角色会引发我们产生各种情绪，让我们理性思考，提醒我们不要犯下他们那样的罪行。

（7）章节和诗节法则：设定章节的小说会让读者根据章节名来选择是否继续阅读，吸睛的章节名对读者的吸引力自然更大。具体说来，一本没有任何章节，甚至没有标点的小说，哪个读者能读下去呢?

（8）人与事法则：人物的特质通过语言和围绕他们的事件凸显，不同的读者在阅读这些事件时，会找出人物的不同侧面。

（9）措辞法则：作者会通过不同的措辞描述人物，但读者根据人物的语言会自行对人物性格做分析，这种体会远胜于作者的直接告知。

（10）小说家风格法则：在小说中，有很多含义丰富的句子，这些句子看似毫无深意，但却有丰富的内涵。作者之所以会选择使用这样的句子，是因为小说题材的限制。

（11）意识流叙事法则：阅读意识流小说对读者水平有一定的"要求"，因为作者会随性、虚构地表达意识。小说中意识出现的作用旨在推进情节、安排人物出场等，这一点我们要格外注意。同时，小说中的人物即便没有真实到有血有肉，但他们是有头脑的，所以也具有意识。

（12）角色清晰法则：在很多小说中，我们不太容易找到某个人物准确的外貌特征，这不是因为不重要，而是没有绝对的必要。我们只需知道他们想要什么，并了解他们的一切行为都因这个欲望而产生就可以了。

（13）拥挤书桌法则：我们在阅读一本小说时，常会发现里面的某个情节在另外一本书中出现过，这与"致敬"无关。当作者准备写这本书时，其实已经在脑海里事先想好了应该出现的情节，这也就意味着，已经有许多与他的想法一样的作者与他"同坐在一张书桌"旁了。

（14）小说悖论法则：小说家的灵感来源多种多样，其中个人体验是最重要的一个来源。小说家在写作中总是会借鉴其他叙事，偶尔会采用旧题材，可绝不会用旧内容。原因很简单，读者觉得小说有新意才会翻看阅读，即便题材很"老套"。

（15）宇宙关联法则：没有绝对的"原创"小说，几乎每部小说都来自其他小说。不管是作者还是读者，都会被其他作者影响。这要求我们在阅读过程中留心这些关联。

（16）我们与他们法则：在一部作品中，我们要做的只是遵从自己内心的真实感受，至于是否必须喜欢书中的某个人物或变成他们，则大可不必。

（17）小说思想法则：富有哲思的小说远远比不上一本哲学书，所以我们的目的是从故事中体会思想，并不是为了欣赏它的哲思。简单点说，我们需要的是一个好故事。

（18）叙述一致性法则：一部小说诞生的最佳方式，就是让它看起来入情入理的那种方式。在此并没有唯一的标准，任何一部小说的一致性都是作者赋予它，并且读者可以通过阅读发现的特性。

（19）关门法则：当我们读完一本小说产生意犹未尽之感时，就证明它是一本可以愉悦我们的小说，它让我们看到了更多的可能性。

（20）现在和过去法则：阅读一本小说之前，我们有必要了解作者当下的时代背景以及小说所处的历史背景，这样更容易读懂、吃透。

（21）完全阅读法则：完全拥有一部小说，并不是把它买回来摆在书架上而是把小说的思想内化为自己的思想，这才是真正读懂、读透一部小说的表现。

2. 历史类——学会从"侧面"去读

历史是一面镜子，可以映照古今。我们阅读历史，能够从中吸取教训、积累经验、增长阅历，可以在较短的时间内思想经历成百上千年沧桑岁月的洗礼，这对于我们分析问题、处理问题都大有帮助。

阅读历史，还有助于培养我们勤于思考的习惯，所谓常读常新，在不同的历史中获得不同的体会和感悟，将引导我们看破世间玄妙、参透认识迷蒙。

阅读历史是一个不断积累的过程，因为史实浩如烟海，广博无垠，且不说全球历史，单单中国文字可考的历史就长达四千年左右。面对如此浩瀚的历史，我们到底要如何选择、如何阅读呢？在回答这个问题之前，我们有必要先搞清楚历史包含的四个组成部分。

时

时，指的是时间，是事件发生的时期，人物出生以及与哪一历史阶段相关等，这是基本时间轴。除此之外，时还代表着社会发展特征，比如"文艺复兴时期""大航海时期""民国时期"等。当我们阅读历史时，把人物及事件与所在时代联系起来，就更易于理解人物命运及事件走向。

空

空，指的是空间，人物的出生地、事件的发生国家以及区域等，这些看似无关紧要，但对历史进程的推动会起到重要作用。比如，崇尚民主的人士生活在封建专制国家，我们就可以大概推测出他的人生际遇。这些都对我们理解一国在特定历史阶段的政治、经济及文化特征等方面大有裨益。

史

史，指的是史实，也就是某一事件发生的起因及结果，隐藏着哪些鲜为人知的幕后故事和细节，包括未定论的迷案疑踪等，这些属于历史的主体部分。尤其是某些史料匮乏的大事件，很多史学家各执一词，导致我们在读史时常常产生各种困扰，因而我们不能偏听偏信。

论

论，指的是结论、评议，是针对某一历史人物及时间的评价，这部分最容易产生争议，因为许多历史人物都有多面性，这种多面性是由他们的思想、行为受到当时的时代、身份、国别等客观因素决定的，站在今天的角度来看可能无法理解，因而更需要我们从相对客观的角度准确辨析。从论的角度出发，每位读者都是"评论员"，但这要求我们必须掌握丰富的历史知识，且在读史之后查阅大量资料做类比，从而得出相对客观的结论。不能妄加评判，纯以个人喜好辨别黑白曲直。

我们在阅读历史类读物时可以采取阅读论说性作品的方法，先提出基本问题。

第一个问题：这本历史书讲了什么？每本历史作品都有特殊且范围

固定的主题，这类主题往往显而易见，但未必能看出作者设定的写作范围。比如，一本有关美国内战的书籍，涉及的自然不是 19 世纪的世界史，甚至于 19 世纪 60 年代的美国西部史也不在这一范围内。所以，读好一本历史书的关键在于弄清楚它讲了什么。

第二个问题：这本书用的哪种写作方式，有哪些写作技巧，章节是如何划分的？一本历史书（教材除外）所讲的都是特定时间内的故事，它的基础框架已经确定，我们无须再做搜索。不过，讲故事的方法和技巧千差万别，我们必须知道手中这本书的作者用的是哪种方式，是按照年代、时期或世代划分章节的，还是有其他划分章节的方式？厘清了这些问题，我们就能更好地理解作者，进而读懂他写的这一历史作品。

传记和自传也是历史作品的一种。传记的类型很多，有定案本、授权本等。定案本主要是写一个人与他生活的那个时代的历史，好似对某人一生所做的详尽、完整的学术性报告。这种作品写的都是已不在世的人，通常是建立在已有的若干本非定案传记的基础上写成的，需要查阅大量的资料，所以也不太容易阅读。

授权本传记一般由继承人或是某个重要友人负责，他们的写作态度通常非常小心，不管人物所犯的错还是达到的成就，都会被适当加工润饰。这样的传记有成为好书的可能，毕竟作者掌握真正的第一手资料，这是其他作者所不具备的优势。但读者必须意识到这类传记与一般历史作品不同，读这样的书会让我们了解一个人的私生活，可未必是绝对的真相，不过仍然可以了解当时的时代背景、人们的生活习惯和态度。

在定案本和授权本之外还有一类一般性传记，这类书很适合阅读，却不具备定案本的真实性，但他仍然是读者了解一个人、一段历史的恰当选择之一。

自传与传记很不同，自传中讲述的故事让人怀疑真实性。毕竟作者在写作时不会被旁人质疑、反驳，他就有可能或隐瞒事实、或夸大其词。不过，我们也不必把自传完全当成谎言，就算作者再怎么想"欲盖弥彰"，我们也能在他的阐述中找到很多真相。

另外，在阅读传记特别是自传时，其中透露了多少作者的秘密，并不是我们关注的要点，我们也不必为此劳心劳力。这类类似文学小说的历史书，讲述的只是生命的故事，一般而言是成功者的生平，只要能够对我们的生活有所指引，它就发挥出了价值。

历史是经验、教训、明鉴、秉承，是一个人最好的老师。古人云："以铜为镜，可以正衣冠；以古为镜，可以知兴替；以人为镜，可以明得失。"总的来说，我们在阅读历史类书籍时，要怀有一种学习和质疑的精神。

首先，对自己感兴趣的事件或时期，可以阅读一种以上的相关历史书籍和资料，这样可以让我们更多样化地了解一个大事件和大时代的信息。

其次，在阅读时，除了关注过去某一时间、地点确确实实发生的事件，也要弄清楚不同时空中人们行为举动的深层原因。也就是说，对我们所在的世界而言，我们每个人的行为在时间和空间上都会产生意义，而在时间的长河中，各种大事件在时间上产生的重大意义会彼此影响。

最后，在阅读过程中要善于提出问题：这本书的主题是什么？讲述了什么故事？作者是通过什么样的方式讲述的？与我们有什么关系？这也有点类似读书"四问"的变形。带着这样的问题阅读，更容易理解每一部分的内容。

历史事件总有其不确定性，在阅读时应考虑到人是传播媒介的现实，所以有必要带着批判精神去看待每一个历史事件以及评论，在这方面没有任何明确的规则可供参考，唯有谨慎才是不变的法则。

3. 实用类——提炼知识点

实用类书籍也叫干货型书籍，主要介绍一些理论、方法和实用技巧。比如《高效学习法》《说服别人，只要三步》，实用类书籍的特点是围绕某个主题，讲清楚这一领域的知识。它们的实用性较强，可切实解决读者当下面临的一些问题。

一般来说，实用类书籍分为几个板块：什么意思、什么作用、什么表现形式、如何做、用在何处、注意事项等。但其实不管板块如何划分，这类书籍都有"简单粗暴"的两方面要点：第一，理论；第二，实践。书的前面部分多是理论，比如解析一个领域的概念等，后面则是实际有效的方法论。所以，实用类书籍的阅读方法比较简单，掌握这个大体脉络后就可以有的放矢了。

在阅读这类书时，不妨根据全书的构架罗列每个要点，这些要点就是知识点，掌握了它们，也就掌握了书的大纲。同时，这类书为方便读者阅读，多会按顺序列好操作方法及步骤，将这些部分与大纲结合起来，就能更快地掌握这类书的内涵。

对很多成年人而言，学习目的不外乎两个：一是个人兴趣，二是解决实际问题。众所周知，很多忙碌的上班族总会忙里偷闲或去书店，或花费一定的金钱和时间参加各种提升职业技能的培训班、速成班等。但根据一些专门的调查结果，这样的学习效果并不显著，很多人要么拿着书看不进去，要么硬着头皮看完后却依然脑袋空空，而且纵然花费金钱参加了培训班，也没得到想要的提升。那么，是否可以找到一种科学的方法来改善这种现状，只通过个人阅读就能达到预期效果呢？

除了上文我们提到的阅读实用类书籍方法外，还有一种名为"RIA 拆书阅读法"的方法，它也叫便笺阅读法，是能够最大限度改善"翻开书看，合上书忘"这种情况的阅读法，避免知识无效转化。但它是一个有门槛的阅读法，对读者提出了一定的要求。

那么，什么是"RIA 拆书阅读法"？

R，即 reading 的首字母，要求在阅读时把那些我们认为重要的、有价值的部分画线或做出对应的标记；

I，即 interpretation 的首字母，要求我们用自己的语言和逻辑复述书中的内容，以检验我们是否真的掌握以及掌握的程度；

A，即 appropriation 的首字母，要求我们说出自己的相关经验；

A1，主要记录与知识相关的经验，再回忆个人的相关经验，从而让自己与书本知识有效关联；

A2，针对目标知识，写下我们下一步准备怎么做，让这些知识真正地输送到我们的大脑里。

通过这种拆书阅读法，我们相当于从另一个角度来阅读目标书籍，这可以把我们以往在阅读中遇到的问题和麻烦一一解决。比如，难以集中注意力；图书太厚，不能坚持阅读；太在意思考和应用，忽视了知识本身等。在解决这些问题之余，我们更能保持阅读兴趣，事后整理也更方便，从而使整个学习进度都有所提升。

这种阅读法使用的工具也不复杂，只需要三种不同颜色的便笺纸、一支笔和一组多色指示标签即可。具体步骤如下。

步骤一：通过速读快速浏览全书，找出书中对你来说最重要、最有价值的章节，这相当于 RIA 法则中的 R。

步骤二：用自己的话复述找到的重点内容，写在便笺纸上，并粘贴在书中对应的部分，这相当于 RIA 中的 I。倘若你找到的重点内容并不长，只是一些简单的句子，可以不要便笺纸，直接在书上标记即可。

步骤三：把重点内容与个人相关经历联系起来，写在第二张便笺纸上，这便是 A1，把它粘贴在 I 便笺纸旁。

步骤四：设想一下自己以后遇到类似情况时应该如何应对，并在第三张便笺纸上写下自己可能的行为，这便是 A2，也把它粘贴在对应的书页上。

步骤五：在贴有便笺纸的书页旁边写上一张指示标签，用以提醒自己。

步骤六：读完一本书后，把所有 A2 便笺取下来贴在日常生活、工作中最显眼的地方，比如冰箱、墙面或办公桌电脑旁，时刻提醒自己要行动起来。

"RIA 拆书阅读法"是行之有效的阅读实用类书籍的方法，但它在简单易行的同时也容易让人走进误区。

在"I"这一步骤中，很多读者并不具备拆书的能力，换句话说，只有掌握了一定的专业知识且拥有大量阅读经验的人，才可以"拆"得更快、更准。所以，对于没有任何阅读基础的人，应当首先学习其他阅读方法，直到积累了一些"拆书"经验后，再使用这一阅读法就会收到非常好的效果。

另外，这一阅读法看起来简单，其实具体操作上很讲求技巧和方法，比如在阅读前要准备与阅读并无直接关联的材料，阅读时也要边读边记，时时提醒自己哪种便笺写哪种笔记，同时还要粘贴指示标签。

不过，这看似烦琐的流程却会取得不错的效果。通过便笺记录的三类笔记合起来与摘录式笔记和感悟式笔记差不多，更像二者的综合体："I"步骤中的复述便是一种"摘录"；"A1、A2"便笺记录的是个人感悟，所思考的即"有什么样的经验"和"日后如何使用"。所以从这方面来看，对于有阅读基础的读者来说，这种方法可谓"如虎添翼"。

总的来说，阅读实用类书籍要注意三个结合：理论与实践结合，要求我们不能死记硬背，而是在充分理解之后结合实际，有效应用，这样才算真正消化了所学知识；书中的案例同自己的现实体验相结合，要求我们不能生搬硬套，依样画葫芦，必须根据实际情况稍加调整，选择更具实操性的方法，这样才能灵活运用所学知识；过去的经验和未来的计划相结合，要求我们切莫迷信自己的经验，那样便不能更好地发挥书中知识的效用，而是要把经验和理论相结合，一起在未来的实践计划中展现出来。

4. 科普类——抓大放小，弃多取少

在我们的生活中，有一类书籍常常被我们忽略，它就是科普类。这类书籍主要记录的是各个领域的科研成果、最新研究动态以及与大众生活息息相关的多种类科学常识。它可以有效扩充我们的知识面，也是有一定阅读门槛和限制的。当然，有些简单版的科普绘本以及最浅显的科普知识介绍不在此列。

不少很有经验的读者对科普类敬而远之，主要原因在于它有三个难点，也就是阅读科普类书籍俗称的"三关"。

第一关：语言

科普类书籍的内容大多严谨周密，所以在书中会经常性地使用一些术语，这自然提升了阅读门槛，增加了阅读难度。比如下面这段话。

★☆★☆★☆★☆★☆★☆★☆★☆★☆★☆★☆★☆★

经济学家们所谈的博弈论一般是指非合作博弈，由于合作博弈论比非合作博弈论复杂，在理论上的成熟度远远不如非合作博弈论。非合作博弈又分为：完全信息静态博弈，完全信息动态博弈，不完全信息静态博弈，不完全信息动态博弈。与上述四种博弈相对应的均衡概念为：纳什均衡，子博弈精炼纳什均衡，贝叶斯纳什均衡，精炼贝叶斯均衡。

★☆★☆★☆★☆★☆★☆★☆★☆★☆★☆★☆★☆★☆★☆★

相信大部分读者对此都"一头雾水"，完全不知道在说什么，要想弄清楚这段话的含义，就要提前掌握一些博弈论的知识和案例。

第二关：基础知识关

就像要事先解决语言关一样，基础知识也对科普类读者提出了要求，比如读者需要掌握一些数学、物理以及其他自然科学方面的知识，不然书中出现的很多并不算深奥的知识点也都会成为不小的阅读障碍。比如下面这段文字。

★☆★☆★☆★☆★☆★☆★☆★☆★☆★☆★☆★☆★

为了理解黑洞是如何形成的，我们首先需要理解一个恒星的生命周期。起初，大量的气体（大部分为氢）受自身的引力吸引，而开始向自身坍缩而形成恒星。当它收缩时，气体原子相互越来越频繁地以越来越大的速度碰撞——气体的温度上升。最后，气体变得如此之热，以至于当氢原子碰撞时，它们不再弹开而是聚合形成氦。如同一个受控氢弹爆炸，反应中释放出来的热使得恒星发光。这增添的热又使气体的压力升高，直到它足以平衡引力的吸引，这时气体停止收缩。这有一点像气球——内部气压试图使气球膨胀，橡皮的张力试图使气球缩小，它们之间存在一个平衡。从核反应发出的热和引力吸引的平衡，使恒星在很长时间内维持这种平衡。然而，最终恒星会耗尽了它的氢和其他核燃料。貌似大谬，其实不然的是，恒星初始的燃料越多，它则燃尽得越快。这是因为恒星的质量越大，它就必须越热才足以抵抗引力。而它越热，它的燃料就被用得越快。我们的太阳大概足够再燃烧50多亿年，但是质量更大的恒星会在1亿年的时间内用尽其燃料，这个时间尺度比宇宙的年龄短得多了。当恒星耗尽了燃料，它开始变冷并开始收缩。随后发生

的情况只有等到 20 世纪 20 年代末才初次被人们理解。——《时间简史》

★☆★☆★☆★☆★☆★☆★☆★☆★☆★☆★☆★☆★☆

这段文字描写了黑洞的形成过程，在阅读时我们会深感对内容难以理解。当然，对于一些有科普知识的读者来说，理解这段话的难点可能并不在于一些专业术语，而是能否真正通过自己掌握的知识，透彻理解这个过程，明白霍金想表达的意思。

当这段又长又难懂的文字出现在我们所读的科普书中时，是否有快速理解的方法？通过阅读我们知道，想搞清楚黑洞，首先要搞清楚恒星的生命周期。顺着这个脉络，我们不妨在纸上简要勾画出恒星变化的过程：气体坍缩—原子碰撞—温度升高—聚合成氦—内外平衡—燃料耗尽—变冷收缩。通过提取关键字词，我们就会对这一过程一目了然了。

第三关：逻辑推理关

科普类书籍的逻辑性极强，想理解后续的推理过程，就必须弄懂前面的内容，它是逐层递进的，所以读者在充分理解每部分内容的前提下才能顺畅阅读。

既然科普类书籍的阅读难度这么大，是否有专门针对这类书籍的方法或者窍门呢？抓大放小是一个行之有效的办法。它要求我们在阅读时紧抓核心推理与概念，对于过程中并不相关的细枝末节可以直接略去。比如上文《时间简史》中的那段话，即便我们不了解氢原子如何变成氦的，甚至不知道什么是氢原子，也并不影响我们对恒星变化的大致理解。

《时间简史》这本书虽然讲述了大量专业性知识和内容，但它的阅读对象不是科学家等更专业的研究人员，而是对科学了解不深却喜欢科学的人。因而，在阅读这一类科普书籍时，不妨带着"不求甚解"的态度，无须像理解教材一样一板一眼，每个问题都刨根问底。过于追问细节，反倒会忽略主线，也会让你觉得自己接触的知识越来越陌生，最终甚至会放弃阅读。

科学对很多人来说原本就不简单，科普类书籍的存在却能较好地平衡"难"与"易"，因为它不是像纯科学学术类作品那样晦涩深奥，而是给予读者最准确的科学知识，尽量做到不"为难"读者。

为了更好地阅读科普类书籍，不妨遵从以下几个步骤。

步骤一：兴趣是最好的老师，我们在选择科普类书籍时也自然要注意这一点，且要对感兴趣的内容细读、深读，至于难以理解的部分可以采取跳读或浏览的方式阅读，以免在一个概念上花费太多时间。毕竟科普类书籍重在积累知识，而非做学术研究。

步骤二：一边阅读一边实践。虽然科普类书籍会传递更多经由科学检验的知识，但也存在一些不确定性，我们可以自己动手检验一些能在实践中检验或做实验的知识，更容易让我们理解书中所述。

步骤三：积极思考。对某些文学性强的科普读物，比如可以明显读出作者个人观点的部分，我们可以积极思考，与作者一并感受自然和科学的奥秘，这也有助于提升我们的认知。

步骤四：留意书中图画。大部分科普书中都或多或少带有一些图片或图形，它们存在的目的就是让读者更易于理解相关内容。

步骤五：思维导图。阅读任何书籍，画思维导图都有助于加深对内容的理解。在阅读科普书时，思维导图可以让内容更直观、立体，我们的理解会更深入，记忆也会更深刻。

科普书有助于我们培养对某一科学领域知识的兴趣，但无须探究背后深奥的科学原理。明确阅读这类书的目的，可以减少我们阅读时的心理障碍，这一点至关重要。

5. 哲学类——找到打开思维的"钥匙"

哲学听起来很深奥，但它关乎着我们日常生活的各个方面。哲学并非从天而降，而是源于人类社会，没有人类社会也就没有哲学。在现实生活中，哪怕一件最普通不过的事情也与哲学有着相应的关联。

很多人喜欢阅读以生活、爱情和人生为主题的哲理故事，却难以静下心走进一本哲学著作，这是因为大多消遣性书籍与思想性书籍有着本质上的区别。比如阅读一本小说，我们会快速因几段文字描写进入场景，在与虚构人物的"接触"中产生情感，随之产生阅读动力；而阅读思想性书籍很难产生这种情感，它更多地偏向思想力量的传播，不是普通大众愿意接纳的，所以自然会产生惶恐、不解的感受，也就无法真正走进其中。

其实，在阅读哲学类书籍时，有一个必要的大前提，即"忘却自我"。众所周知，很多哲学家都有孩童般的心灵——也可以把他们夸张地称为"天真的疯子"，正因如此，他们不会以我们习惯上的视角看待一切问题和世界，所以更容易发现更多未知的奥秘。"忘却自我"是前提，但同时也要在阅读时注意哲学著作的基本特征，弄清楚多数哲学著作的探讨范畴。

类型一：思辨的哲学

它主要讲的是存在和变化的问题，我们的世界时时刻刻发生的一切变化都包含在它讲述的范畴，例如：存在与不存在的差异是什么？我们眼中的事物是真的存在，还是仅存在于我们内心？造成改变与存在的原因是否相同……

类型二：规范的哲学

它主要讲的是善恶、好坏的问题，例如：身为人类，我们应该去做什么？探索什么？在哲学体系中，这部分内容较为实用。有些哲学家终其一生可能都在思考一个问题：善恶是否真的完全不同？某些东西会一直好下去吗，是否会变坏？

清楚了这两大类型后，我们还要了解常见的哲学著作类别。

类别一：哲学论文。比如亚里士多德的《伦理学》，这类书会有一个明确的哲学主题，并以多种方式展开论述。

类别二：系统化哲学。比如笛卡儿的一些作品就属于这类，它常会以严谨的数学来表现哲学，书中会常见命题、引理和旁注等。阅读这类作品需要有较强的逻辑思维能力，要一直动脑思考。

类别三：哲学对话。比如柏拉图的《柏拉图对话录》，主要以提出问题、展开讨论的形式表现主题，从而引起读者思考，读者需要经过不断的求证才能找到答案。

类别四：哲学格言。这种哲学作品多以简练的语言和短小精悍的句子来诠释哲学命题，与诗歌很像，给人以启迪。与上述三类相比，这类作品显得更休闲轻松，可以让人抽丝剥茧地领悟一个哲学命题的内涵。

现在我们已经对哲学讲述的范畴和类型有了大致的了解，那么，到底要如何阅读这类作品呢？更准确地说，要如何读懂这类作品呢？

首先，发现问题。发现问题是探索由思想组建的世界的第一步，也是重要一环。我们要善于在阅读之前就发现问题，或在阅读过程中找到问题。很多哲学作品都存在中心原则模糊不清的情况，有时候甚至需要几代人的耐心寻找才能挖出其中的宝藏。如果我们还没有做好深入研究哲学的准备，大可将其当成拓展知识面的读物，浅尝辄止即可，因为它的确需要真正冷静下来，才能与哲学大师们展开高层次的心灵对话。

其次，找到原则。假如我们做到了第一步，能够参透哲学大师们的思想，就有机会真正了解他们心中坚守的哲学原则。由此我们便能推导出作者是如何将这一原则在他构建的哲学体系中贯穿始终的。这与考据有些相似，在弄清楚作者展现哲学观点背后的逻辑原则后，也就等于把握住了他的架构，虽然这同样需要耗费巨大的精力，但只要坚持下去，我们的逻辑思维能力便会有质的提升。

最后，看透本质。探究哲学的意义在于重新认识这个世界，看清世界的本来面目，而非对他人指指点点或"故弄玄虚"。了解世界继而改造世界，这是很多哲学家乐此不疲的话题，但这些要旨从来不会只表现在一本书或一个主题中，就像父母对子女之爱是渗透到点点滴滴的生活之中的，绝不是集中在某一天的一次性表达。

看透事物的本质需要独具慧眼，有极强的洞察力，这也是哲学家们的思想比常人更出色的原因之一。我们阅读哲学作品，目的就是站在他们的肩膀上，借助他们的慧眼看清这个世界。那么，我们怎样才能在文字中找到关于事物本质的描述呢？这要求我们通过熟读和充分了解作者的创作习惯等建立起与作者近似的思考逻辑，这样就能慢慢地听出作者的弦外之音，以获得宝贵的思想精华。

哲学作品的确深奥难懂，但优秀的哲学作品绝不会只是滔滔雄辩，我们从这些作品中会得到实际的帮助，但有一点我们必须注意：虽然哲学作品中总会有一些专门的技术用语，可作者在表达思想时采用的往往是日常用语，只不过用在很特殊的意义上罢了。因此阅读时切勿把每个熟悉的字眼都赋予一般意义，那样只会让整本书失去意义。

6. 艺术类——善用发现的眼光

与科学相比，艺术或许没有推动人类科技进步的能量，但科学探索的真与艺术追求的美，对人类的心智皆具有滋养作用。艺术间接地创造了一种生命力——即对美、爱、真理的探寻、追求和塑造。试想，如果我们生存在一个只有科学没有艺术的世界里，那将是多么无趣的事情。因而，艺术类书籍也应当成为我们忙碌工作和生活中的一缕阳光。

什么是艺术？艺术就是通过捕捉、挖掘等手段对主观或客观对象的感知和表达的过程，尤其是需要借由视觉、听觉、嗅觉和触觉的形式而存在。这样来看，艺术与科学最大的差别便是——艺术更形象化，它的存在是为了塑造更生动的内容，所以想要感知它，也必须采取生动的方式。

我们在阅读艺术类书籍时，遇到的最大障碍便是无法构建审美能力。当代画家木心先生曾说："没有审美力是绝症，知识也救不了。"可见，一个没有审美能力的人，即便有再高的文化素养，也很难理解美。所以说，文化水平的高低与审美能力并没有直接关系。从这个角度看，建立对美的感知和理解就成了阅读艺术类作品的重要前提。

事实上，美对人有天然的吸引力，我们只要主动接近它，就能慢慢地感知它，甚至读懂它。阅读艺术类作品的核心要点就在于让文字增添色彩与旋律，让它们为美代言，成为美的化身，由此便能逐步提升我们的审美能力。具体来说，怎样在阅读中培养美感呢？

首先，提升美的敏感度

有的人在读到介绍安格尔《泉》的解说文字时，可以从少女想到青春，继而孕育、生命等一连串象征着新希望的载体都会浮现在他眼前；有的人则只停留在作品表面，对美的敏感度很低。这种差距产生的直接原因，就在于是否能够提取一切与美相关或能联想到美的信息。

如果我们读到"生命"这个词语，只一扫而过，自然不会在脑海里留有特殊印迹；但若转念一想，开始出现雌鸟哺育巢中幼鸟的景象，雌鸟一身鲜艳的羽毛与鸟巢边葳蕤的树木，又或者想到跪在母羊身下吃奶的羊羔，周围是一片郁郁葱葱、广阔无垠的草原，这样的美感跃然于纸，我们的审美水准也会随之提升。

想象力是感知美的基础，拥有想象力，才会把看似无关的事物联系在一起，或是由一个事物联想到多个事物，并形成美好的画面。所以，在阅读艺术类书籍——也包括画册等时，要学会让不同的事物之间产生关联，这靠的便是我们的想象力。拥有了想象力，就可以让文字形成画面，当我们可以在一本艺术类书籍中"看到"更多画面时，我们对美的感知力也就越来越强了。

除了文字，书中的插画或曲谱一样可以增进我们对美的敏感度。例如一幅画作配以一段文字介绍，我们就可以结合文字来用心欣赏画作中的线条、色彩以及整体构图，二者结合，文字和画作都变得活灵活现，被我们赋予了生命。当美的气息迎面而来，我们的审美意识也随之被彻底激活了。

其次，增强对美的理解

我们对美的敏感度得到提升后，只意味着我们可以感知到美了，还达不到充分理解美的程度。阅读艺术类作品的过程，也是强化理解美的过程。具体来说，我们可以在阅读之余多加留意专业人士，甚至普通民众这一群体是如何评价艺术作品的，二者所站的角度不同，对美的理解也自然有差异。不过真正理解美的人并不在意作品是雅是俗，他只会参照这两种评价体会美、感受美，进而客观地理解美。

比如，维纳斯的断臂是很多专业人士所认为的美之所在，这也是我们对该雕塑的审美端口；普通民众对黄梅戏的唱腔赞赏有加，同样是我们强化理解美感的关键。我们必须多借助他人的眼睛发现被自己忽略的美，以增加对艺术作品的理解角度，这样更便于我们捕捉作者想表达的关于美的一切讯息。

最后，拓宽审美渠道

常有些审美能力不足的人抱怨：明明自己的感知能力不弱，为什么还是难以准确、透彻地理解一件艺术作品想要表达的内涵？这是因为他们对美的理解缺乏广度，例如我们很难欣赏并接受法国野兽派画家马蒂斯创作的美女作品，这是因为他的作品与我们常规认知的美并不相同。要想深入理解这类作品，就要事先了解作者的经历以及作品背后的故事，从中你可以找到更多关于美的答案。这是一个循序渐进的过程，越是心急，越是难以接受这种陌生的、超出常规的"美"。

我们有必要拓宽自己的审美渠道，因为"美"的定义不只是我们熟悉的那种范围，当我们不习惯他人对美的表达方式时，也就很难让自己对美的认知变得丰富起来，在阅读不同类型的艺术类作品时，也就会"水土不服"了。

当我们建立起对"美"的正确理解，并能更好地接纳不同的美、理解不同的美时，就可以试着挑选自己喜欢的作品来读了。艺术类作品较为宽泛，书籍、油画、绘画、雕塑，甚至影视都包含在内，我们应根据自己所需做出最佳选择。比如大卫·霍克尼的《隐秘的知识》这一类属于问题研究类书籍，可以通过泛读弄清楚原委即可。

想了解一位作家或理论家时，就有必要了解他的所有著作，比如想了解文本解构方面的知识，可以读罗兰·巴特的《恋人絮语》，同时也可读读《神话：大众文化的诠释》《明室》《批评与真实》。

想了解一个艺术理论，就必须横向对比不同研究方向的作品。比如提起象征主义，兰波的《地狱一季》《彩画集》散文诗与奥地利的克林姆特都应该有所涉猎。

想了解艺术史，就必须放宽视角，从多个角度看一个主题，切忌囿于臆断。比如：读过瓦萨里的《名人传》，也要读罗曼·罗兰的《名人传》；读过格罗塞的《艺术的起源》，也要读杉本博司的《艺术的起源》。

艺术类作品有其专业性，也有其休闲性，太多的功利化阅读已经让我们身心俱疲，而艺术类作品有益于熏陶个体，让人变得更深刻、更有趣，甚至更成熟。伟大的艺术家总能给予我们无穷的能量，带领我们从他们的一部部精心之作中找到工作的意义、生活的意义，乃至人生的意义。

7. 生活类——联系身边的一切

生活类书籍称得上是我们生活中的老师和好帮手，这类书通常会传递给我们最实用有效的知识、方法或者妙招，也许它并非建立在高深的理论基础之上，文字也直白通俗，但我们恰恰可以从这些平实的文字中感受平凡与美好、真挚与情感。当我们身边出现这样或那样的小麻烦、小问题时，这类书籍就会为我们指明方向，照亮生活中那些容易被忽视的昏暗角落。

阅读生活类书并不需要掌握多么精妙的阅读技巧，或者说，之所以阅读这类书籍，最终极的目的就在于提升我们的生活品质，让我们在偶尔泛起波澜的日子里仍能保持从容。

常见的生活类书籍包括以下几种。

烹饪类

我们常说，"民以食为天"，吃饭是人生的大事。当人们的生活水平逐步提高，对饮食也有了更高的要求，从吃饱转向了营养、科学、健康，甚至品位。当然，有人说想吃什么都可以点外卖或去餐馆，不过一日三餐全靠别人并不是长久之计，况且烹饪是一门学问，更是一种生活情趣，它的目的或许不在于我们做得怎么样，而是享受参与的过程。

通常在阅读这类书时要规避两方面的问题。

第一，避免脱离实际。我们应当阅读的是更适合家庭烹饪的书籍，书中的食材不能太稀缺、罕有，倘若尽是些"珍馐"，那么我们无异于学了屠龙之技，毫无用武之地。

第二，避免太过"较真"。在实操过程中，很多初学者难以把握放调料的剂量，比如××克盐、××克料酒、少许酱油等。"少许"是个模糊概念，至于××克更是让初学者抓狂——难不成每次做菜都要用计量器吗？众所周知，烹饪需要积累，所以不管是少许还是××克，这些数字除了可以通过观看网上的视频学习外，在实操过程中也应多加留心，用固定的勺子测试几次便能掌握大概剂量了。况且，3克盐与4克盐对于一盘家常菜来说，产生的差别微乎其微。

营养搭配类

这类书不同于烹饪类，它主要是教我们怎样选择营养丰富的食物，以及食物之间如何搭配。当越来越多的人开始注重养生，了解不同食物的营养构成也成了备受关注的一个重点。在选择此类书时，尽量找权威专家，且要"有据可循"，市场上那些七拼八凑的饮食类书籍大多没有依据，多半是根据很多错漏百出的网文组合而成，有知识性和数据性错误，若不懂分辨，遵循这类书中的方法，很可能有损健康。另外，为避免混淆知识，可以先浏览目录，找到目标食材，有针对性地阅读并选取，且要从熟悉的食物入手，然后再了解陌生食物。同时，在选取食物之前要对自己和家人的身体状况做到心知肚明，知道自己和家人缺少哪类营养，带着这样的目的寻找食物也会让阅读更有意义。

饮品类

酒、咖啡、茶等饮品早已被赋予了超出本身意义的内涵，它们已经成为一种文化的象征。在选择这类读物时，可以把与社交文化有关的书一并纳入自己的购书清单，这样在与他人聚会饮酒时，不但可以说出关于酒的知识与文化，还能掌握饮酒礼仪。茶道类的书也是如此，在教我们如何辨别茶叶优劣的同时，也会学到饮茶的礼仪和文化，更有修身养性的妙用。当然，这类书籍要建立在能否应用于现实的基础上，如果你没有饮茶习惯，或很少参加聚会、酒会等，也许这类书籍并不适合你，但若出于个人爱好，作为休闲读物也未尝不可。

家居百科类

如今直播和小视频充斥在我们的日常生活中，一旦家用物品出现问题，比如电灯开关出现故障、下水道堵塞等，我们多会求助于网络，看别人是如何自己动手解决这些小麻烦的。或者干脆打电话给物业，让专业人士上门服务。这些做法自然不错，不过家里准备一本或几本关于家居百科大全一类的书籍仍是很有必要的，它不但会告诉我们解决故障的方法，也会传递一些日常维护和安全使用的小知识。这类书籍完全可以作为我们的"枕边书"，睡前随意翻看几页，久而久之，会在不经意间掌握大量实用的百科知识，等家用物品出问题时，我们也能"万事不求人"了。

养生保健类

这既是一类常识性书，也是一类专业性书。说它是"常识"，是因为养生保健的话题早已不再新鲜，海量的公众号文章推送足以让我们每个人都能说上几条养生保健知识；说它"专业"，则是因为很多人了解的所谓养生保健知识既不养生，也不保健，虽说"不致命"，但我们也没必要"明知故犯"，一直错下去。在阅读这类书籍时，要辅以医学类读物保驾护航，解读我们遇到的专业名词和理论，从而可以让我们既学到常识，又可能建立较为系统、完整的医学知识体系。阅读这类书重在了解，所以大可以"不求甚解"，只要能判断出自己选择的书"有法可依"，不是胡编乱造的即可。

旅游类

阅读这类书不是为了知道哪里好玩，或有什么名胜古迹和美食，而是为了了解目的地的风土人情和独有的文化，这些才会给我们带来非凡的精神体验。

高质量的游记会为我们打开另一扇风景之门，我们跟随着作者的心境和见闻，便能感他之所感，悟他之所悟，这样的书籍会从情感上打动我们，从意识上触动我们，让我们对书中的某个地方心驰神往。等我们真正启程，走了作者所走的路，才算是真正完成了一次心灵之旅。这种阅读体验是十分珍贵的，远远不是手机、相机里的几张照片和几段视频可比拟的。有些旅游类书籍还会介绍户外自救常识、逃生技能等，这于人于己都很有帮助。

生活类书偏向实用性，它解决的大多是生活中那些鸡毛蒜皮的小事、琐事，但生活的品质往往受制于这些小事、琐事，所以带着愉悦和解惑的目的阅读这类书，我们收获的绝不单单是简单的技能。

8. 励志类——拥有平和的心态

不少励志书被直接归类为"鸡汤文"，让人读时有启迪、有深思、有进取之心，但合上书后，脑子里却仍然空空如也，好像明白了一些事情，但又好像什么都没明白——这是很多看过励志书的读者拥有的共同心态。为什么会出现这种现象？

有一个明显的原因是：很多人把励志书当成了"成功学"。我们无意于评价成功学，但励志书的意义不是教我们如何获取成功的方法，而是让人有所悟、有所得，具有指导实践的意义。

近年来，励志书的图书市场体量较大，这似乎与现代人所面临的巨大压力和由此产生的严重焦虑相关，所以寻找压力释放的出口和解决焦虑的办法成了当务之急，而励志书无疑是一个有效载体。不过，正是这种需求造成了励志书的良莠不齐，加之人们对成功的追逐，所以错把励志书中那些成功当成了"读励志、获成功"的有效途径，甚至是唯一途径。

其实，有很大部分励志书中令人精神振奋的励志故事并不真实，甚至把一些技术性问题转化为了单靠一般性努力就会获得成功的问题，这样的励志书极大地削弱了对人的指导意义，这是很多人对励志书敬而远之的另一个原因。

当越来越多精明的读者意识到了这一点，他们便开始运用批判思维看待励志书。他们逐渐意识到，只图一时之快，让人产生感动和振奋人心的那股激情于现实的人生而言毫无意义，只有实用的东西才更有生命力，也更长久。

一般来说，我们可以笼统地把励志书分成两大类：一是业余类，二是专业类。

业余类是我们很常见的一种励志书，它的结构简单明了——"小故事大道理"。通常会用一个故事开头，或"朋友"或"同事"，故事结束后会有深入浅出的大道理。这类励志书的优点是通俗易懂，就算没有专业知识也可以快速抓住核心要点，了解作者要讲述的是什么。

当然，它的缺点也是显而易见的，即现实中的大部分人不可能像故事中描述的那样，只要努力就会取得成绩，所以这种有些脱离实际的结构也被很多读者所嫌弃。

专业类励志书就是在这种大背景下应运而生的，比起快餐类型的励志书，这类励志书会从心理学、哲学的角度出发阐释观点，有一些励志书还是专业学者创作的，比如《幸福的科学》，他的作者是美国华盛顿大学艺术与科学学院副院长、心理学与脑科学专家蒂姆·博诺。他多年潜心研究积极心理学，通过一系列心理学专业知识及实验结果更客观、精准地阐述了怎样科学地获得幸福。

不过，这类励志书因为太过专业，所以不见得有趣、好读，即便作者已经尽可能生动地阐述各种专业知识，但仍然提高了阅读门槛。

如果把励志书比作咖啡，那么业余类励志书无疑是速溶咖啡，制作简单，但味道一般；专业类励志书则是现磨咖啡，咖啡豆及烘焙手法都不同一般，制作流程烦琐，可口味却是一流的。这样看来，是否意味着我们只能舍弃业余类励志书，只读专业类励志书呢？

如果从解决自身实际问题、学到真正有用有效知识的角度看，专业类励志书自然是首选。但有些非专业类（注意，这里的非专业类不同于业余类，由于我们只笼统地将励志书分为两大类，所以这类并不在此列）一样可以为我们导引出具有指导现实的方法，这要求我们善于甄别。

比如《精进：如何成为一个很厉害的人》，这本书为读者选取了时间、选择、行动、学习、思维、才能和成功七个元素，并辅以对应的方法，告诉读者只要循序渐进，便能日益精进，变成一个很厉害的人。

通过上文的阐述我们不难推导出励志书的正确"读法"。

首先，要摆正自己的心态，清楚地知道没有哪本书会让人"成功"，成功对每个人的意义不同，每个人也都有自己的生命体验，获得成功的方法只能靠自己。

其次，励志书从来都不是靠"读"，而是靠"做"。我们在励志书中会看到各种各样的观点，它们都有各自的道理，如果真能做到，就必然会获得成功。但正确的过程是：不断研习、始终如一、持之以恒，在这个过程中我们的思想和眼界都会与以往大不相同，为人处世的方式也会有所改变，说不定到了这一阶段，我们所追求的成功又有了另一番意义。而谁能说这种改变本身不是一种成功呢？

读过不等于懂得，如果读完之后很快忘记，既消耗了时间又浪费了精力，没有任何意义。因此，读完一则要印证一则，直至所掌握的每一个"道理"都形成习惯，铭刻于心再往下进行。倘若我们以此为阅读励志书的标准，也许就会意识到，励志书是世界上最有难度的书，因为它的目的是让我们获得真正的"改变"。

【附录】

名人都是怎么阅读的

每个人都有自己的阅读方法，但你知道名人是怎么读书的吗？名人之所以成为某一领域中出类拔萃的人，有很多决定因素，善于读书则是他们走向成功的关键因素之一。读书有成效，不只取决于读什么书，也取决于怎样读。

1. 孔子："思、问、习、行"读书法

孔子的读书方法自成体系，可以总结为"思、问、习、行"读书法。

所谓"学而不思则罔，思而不学则殆"，这里的"思"即思考，指的是学习要与思考相结合，只学习不思考根本学不到真正的知识；但只思考不学习又会陷入空想之境，二者必须紧密结合，才能最终获得真知灼见。

"问"即询问，是谓"敏而好学，不耻下问"。知识浩如烟海，没人能通晓所有知识，所以在读书过程中必然会产生各种疑问，要有寻根问底的精神。

"习"即温习，学过的知识要时常温习，这样才能加深理解、记忆，所以孔子提出"学而时习之"的观点。只有反复温习，消化了所学知识，才会更利于后续知识的学习。

"行"即应用，孔子非常重视学与行的结合，指出学的目的在于行，要"讷于言而敏于行"，意思是说话严谨小心，但行动要果断干脆，同时更要把所学知识应用到实践当中。

2. 孟子："三类"读书法

孟子在长期的学习与教学中提出了一系列读书法，大致分为"三类"——总体原则、一般规律与方法技巧。

在"总体原则"中，孟子分别提出了学以成人、专心致志、持之以恒和循序渐进的观点。学以成人，即读书学习的目的是明事理、提升个人修养。他说："学问之道无他，求其放心而已矣。"意思是通过学习找回人的善良之心；专心致志，意指读书时只有专心，才能把读过的书牢记于心，三心二意就算读再多书也会很快忘记；持之以恒，即要有坚持的精神，就像挖井一样，如果还没有挖到泉水便停止了，只会半途而废，枉费工夫；循序渐进，也就是说读书要提前制订计划，不能贪多贪快，只要每天按部就班，终将学有所成。

在"一般规律"中，孟子提出的是积极主动、深造自得、博而后约和重视环境的观点。积极主动，即说读书不能被动，要主动求知学，主动思考该读哪类书，同时合理安排时间，持续阅读；深造自得，即要有自悟精神，学习的目的在于得到自我体悟的知识，这样的知识才记得牢，运用起来也得心应手；博而后约出自孟子的"博学而详说之，将以反说约也"，意思是要博览群书，克服知识局限，同时要有针对性地阅读重要的、关键的书，达到精深的地步，博与约相辅相成，不可偏颇；重视环境，是指读书与交友相结合，多结交喜欢读书的朋友，以免

"独学而无友，则孤陋而寡闻"。

在"方法技巧"中，孟子提出的是学思结合、独立思考、以意逆志和知人论世的观点。学思结合，即学习与思考相结合，因为"心之官则思，思则得之，不思则不得也"；独立思考，即动脑分析所学知识，有质疑精神，不读死书，以免思想僵化；以意逆志，是说不要停留在理解文字表面意思的层面，他说："故说诗者，不以文害辞，不以辞害志，以意逆志，是为得之。"即理解作品要结合生活体会，这样才能把握作者的意图；知人论世，意为把作者的为人、生平及所处时代环境等与其作品有效结合，以深入理解作品。

3. 董遇："当以三余"读书法

董遇是三国时期魏国的著名学者，他对《老子》《左传》颇有研究，在如何利用时间学习方面有独到的见解。《三国志·魏志·董遇传》对此记载道：

人有从学者，遇不肯教而云："必当先读百遍。"言："读书百遍，其义自见。"从学者云："苦渴无日（苦于没有时间）。"遇言："当以三余。"或问"三余"之意。遇言："冬者岁之余，夜者日之余，阴雨者时之余也。"

总结起来，即：一为"读书百遍，其义自见"，意思是要反复阅读、熟读、细读，这样就能领会书中的含义了；二为"当以三余"，意思是冬天、晚上和下雨天都是读书的时间，这是笼统的说法，具体来说，在阅读上要抢时间、挤时间，"没时间阅读"只是懒惰之人的借口。

4. 杜甫："读书破万卷，下笔如有神"读书法

"诗圣"杜甫除了在诗歌创作上独树一帜外，在阅读方面也有自己的心得体会。他的《奉赠韦左丞丈二十二韵》中有"读书破万卷，下笔如有神"的诗句，说的是一个人应当博览群书，书读得越多，写文章越得心应手。《题柏学士茅屋》云："碧山学士焚银鱼，白马却走身岩居。古人已用三冬足，年少今开万卷余。晴云满户团倾盖，秋水浮阶溜决渠。富贵必从勤苦得，男儿须读五车书。"这首诗提出，要多读书，刻苦读书，且要用足"三冬"的时间来读书，这样才能有所成就。

5. 司马光："咏其文，思其义"读书法

司马光是北宋政治家、史学家，著有《资治通鉴》等。他在阅读方面提出了多种读书方法。现摘录三点如下。

一是"读书在得道利民"。他在《与薛子立秀才书》中写道："士之读书岂专为利禄而已哉？求得位而行其道以利斯民也。国家所以求士者，岂徒用印绶粟帛富宠其人哉？亦欲得其道以利民也。"在他看来，明道、求道，不醉心于功名利禄才是读书的真谛。

二是"读书在正心、修身、齐家、治国"。他在《进〈孝经指解〉札子》中写道："所谓学者，非诵章句、习笔札、作文辞也，在于正心、修身、齐家、治国，明明德于天下也。"他提倡以"提升个人修养，并要利国利民"为读书宗旨。

三是"书不可不成诵"。《三朝名臣言行录》中记载了司马光说的一段话："书不可不成诵，或在马上，或中夜不寝时，咏其文，思其义，所得多矣。"阅读要达到成诵的程度，而后反复琢磨，才能化为己用。

6. 韩愈："提要钩玄"读书法

唐代杰出文学家、思想家、哲学家韩愈在读书问题上有很深的研究，他为后世留下了行之有效的读书方法。他在《进学解》中阐述了他的读书方法——"口不绝吟于六艺之文，手不停披于百家之编。记事者必提其要，纂言者必钩其玄。贪多务得，细大不捐。"后人将此概括为"提要钩玄"。这是一种精读法，意思是，在阅读一些记事性书籍时要提出纲要，阅读理论方面的书籍时则要注意探求其深层奥义。

他的读书治学思想源于长期的学习和教育实践，在劝学诗《赠别元十八协律六首·其五》中，他提出了"四患""四美"读书治学之道：读书患不多，思义患不明。患足己不学，既学患不行。意思是，担心读书不多，就要多读；担心领悟不透彻，就要多思；担心已经学得很多了，不再继续学了，就要虚心；担心学了之后不应用到实践中，就要笃行。

多读，就是做到"贪多务得，细大不捐"，尽可能多地获取知识，与速读对应。韩愈年幼时便苦读诗书，可"日记数千百言"，"焚膏油以继晷，恒兀兀以穷年"。

多思，自然是在速读之后潜心思考，以求义理通达、领会所学知识的奥义。他提倡潜心思考，咀嚼品味，这样才能体悟知识的内涵。

虚心，是要认识到自己的不足，更要有不耻下问的求学精神。他在《至邓州北寄上襄阳于相公书》一文中说："昔者齐君行而失道，管子请释老马随之。樊迟请学稼，孔子使问之老农。"说的都是虚心求教。在阅读上也是一样，没有人能阅读世界上所有的书、通晓所有知识，阅读也是永无止境的。

笃行，道出了读书治学的目的，要学有所得，学有所用。韩愈重视实践，践行经世致用的务实之风。他倡导学有所为，行道利世。可以说，他真正做到了"精通的目的全在于应用"。

7. 张载："读中求疑"读书法

张载，北宋哲学家，他在阅读上主张"读中求疑"，即"于不疑处有疑"。他在《经学理窟》中说："所以观书者，释己之疑，明己之未达。每见每知所益，则学进矣；于不疑处有疑，方是进矣。"这里是读中求疑，一方面可以理解为在阅读时遇到不懂的问题，可以通过反复阅读解答心中疑惑；另一方面，要有批判性思维，此正是"尽信书则不如无书"，要提出自己的疑问，对书中的观点、史实等有自己的客观判断，这样不但能收获更多知识，也会逐步提升自我格局。

8. 朱熹："循序渐进"读书法

朱熹，宋代理学家，他曾说："读书法，莫贵于循序而精致。"首先要锁定一个目标，由浅入深，读透一本书再读下一本。同时主张熟读、精读，贵专不贵博。他在《朱文公文集·答沈叔晦》中说道："与其泛观而博取，不若熟读而精思，得尺吾尺，得寸吾寸，始为不枉用功力耳。"读书的目的是有所收获，与其走马观花读了很多书，但过目即忘、毫无成效，不如精细阅读、认真思考，这样才有收获。

在《朱文公文集·答朱朋孙》中，他更着重指出："夫学，非读书之谓，然不读书又无以知为学之方，故读之者贵专而不贵博。盖惟专为能知其意而得其用，徒博则反苦于杂乱浅略而无所得也。"在这里，他也并不反对多读书，但仍然要以读懂、读透为主，只不过他不赞同为了多读而读罢了。

9. 张溥："七焚"读书法

张溥，明代文学家，他自创了一种叫"七焚"的读书法。幼时的张溥记忆力很差，读过的书很快就忘了，但他很有毅力，也很有志气，所以用"笨方法"来弥补先天不足。

他的读书法侧重于"读写"并用，强调"眼到、手到、心到"。首先，读过一篇文章后，他会工整地抄写在纸上，边抄边默读；接着，会把抄完的文章高声朗读一遍；最后，把抄写的文章马上扔进火炉烧掉。循环往复，他会一次次地抄写、朗读和烧掉，直到彻底理解并记下文章为止。

他的勤奋换来了回报，后来终于苦读成名。为此，他给自己的书斋取名为"七焚斋"，也叫"七录斋"。

10. 顾炎武："三读"读书法

顾炎武，明末清初思想家、经学家，他一生博览群书，与书相伴、与书为伍，在学习和写作中为后人留下了"三读"读书法。

复读法：读过的书会反复阅读多次。

抄读法：在阅读的同时抄录，手脑并用，极大地提升了学习效率。比如他在读完《资治通鉴》后，又完整地抄写了一遍。

游读法：顾炎武在45岁时开始了长达20年的漫游生活，一边读书一边游览名山胜水。在赶路时，他骑着一匹马，随行的还有另外一马一骡，它们身上都驮着筐、装着书，就这样一边游览一边读书，真正做到了"读万卷书，行万里路"。

11. 郑板桥："求精求当"读书法

郑板桥，清代书画家、文学家，他提出的"求精求当"读书法重在选择精品书籍，且所选书籍要适合自己的实际情况。他说："求精不求多，非不多也，唯精乃能运多""当则粗者皆精，不当则精者皆粗"。

在这一点上，他与朱熹的观点相似，即不反对博览群书，但精读应当是多读的目的，同时最好围绕一个主题深入阅读。此外，他很重视"问"。他说："学问二字，须要拆开看。学是学，问是问，今人有学而无问，虽读书万卷，只是一条钝汉尔。"在阅读的路上，只学不问，结果只会变成愚钝之人。

12. 巴金："回忆"读书法

巴金，当代作家，他的读书法很奇怪，基本上是在没有书籍的情况下进行的。通常，他会依靠自己的回忆，用黑炭在墙壁上写书名，然后努力回想这些读过的书的内容，以达到温故知新的目的。

他说："我第二次住院治疗，每天午睡不到一小时，就下床坐在小沙发上，等候护士同志两点钟来量体温。我坐着，一动也不动，但并没有打瞌睡。我的脑子不肯休息。它在回忆我过去读过的一些书、一些作品，好像它想在我的记忆力完全衰退之前，保留下一点美好的东西。"这种读书法不受时间、地点和环境的限制，即便不能动笔写下书名，也可以凭记忆直接回顾某本书中的内容，由此便能最大限度地将知识化为己用。